州律智』法律服务系列丛书

广州市律师协会 / 编

Defense Techniques and Cases for Economic Crimes

经济犯罪辩护技巧与实例

中国法制出版社
CHINA LEGAL PUBLISHING HOUSE

序　言

习近平总书记指出，推进全面依法治国，根本目的是依法保障人民权益。坚持以人民为中心是推进全面依法治国的根本立场。必须坚持人民主体地位，把体现人民利益、反映人民愿望、维护人民权益、增进人民福祉落实到依法治国全过程，充分调动人民群众投身依法治国实践的积极性和主动性。紧紧围绕人民群众新要求新期待，系统研究谋划和解决法治领域人民群众反映强烈的突出问题，不断增强人民群众获得感、幸福感、安全感。紧紧围绕保障和促进社会公平正义，扎实谋划推进每一项法治工作，让人民群众在每一项法律制度、每一个执法决定、每一宗司法案件中都感受到公平正义。在此背景下，广州市律师协会组织出版了《经济犯罪辩护技巧与实例》一书，该书系广州地区一线刑事律师的成功办案实践的总结。书中汇集的案例集中展示了经济刑事犯罪案件中辩护人对法律的理解及适用，办案过程中与当事人及公、检、法等各方主体的沟通方法，事实与证据的有效整合等办案技巧。本书案例典型，体系新颖，是一本“理论与实践兼备、法理与情理并融”的著作。希望本书的辩护思路、释法说理能抛砖引玉，为律师同行办理同类型案件提供一些启发，亦为推进广州律师行业高质量发展作出绵薄贡献。

编委会

2023 年 12 月

目　录

一、诈骗类刑事犯罪辩护案例

如何从10年以上的诈骗罪改变定性为适用缓刑的利用影响力受贿罪
——以庄某某诈骗一案为例 …………………………… 梁圆圆　方　政 / 3

一审认定诈骗判处12年，重审改判5年半
——袁某非法经营罪一案 …………………………… 谢　俊　齐　震 / 8

非法搭建股票、期货交易平台吸引客户投资交易，从中非法获利的，应以非法经营罪论处
——刘某某诈骗罪一案 …………………………………………… 叶秀雄 / 14

因古董交易涉嫌诈骗终获无罪的辩护思考 ……………………… 王　宇 / 20

让证据说话，从判刑7年到无罪 ………………………………… 何浩湧 / 25

从一则不起诉案看借贷型诈骗罪的认定标准 …………………… 颜　勇 / 29

合同诈骗案辩护人如何还原民事合同纠纷本质
——结合陈某合同诈骗案分析 ………………………………… 李晓月 / 34

关于合同诈骗罪的共犯问题评析
陈某坤被控合同诈骗罪 ……………………………………… 邓淦章 / 39

从无罪辩护案例浅析合同诈骗罪与合同纠纷的界限 …… 黄　飞　姚少徽 / 45

"两头骗"行为如何认定犯罪数额 …………………… 刘建党 钟 文 / 50
假用他人信用卡套现行为被判不构成信用卡诈骗罪的辩护要点
——王某涉嫌信用卡诈骗、职务侵占罪案评析 …… 刘映旺 刘 阳 / 56

二、非法集资类刑事犯罪辩护案例

虚拟货币非法集资由主犯降格定性为从犯的辩护思路
——潘某非法吸收公众存款案评析 ………………………… 孙裕广 / 63
财务人员是否构成共犯不能一概而论
——余某涉嫌非法吸收公众存款被不起诉案评析 …………… 陈维崧 / 68
一件非法吸收公众存款案件的有效辩护 ………………………… 杨振国 / 72
从谭某非法吸收公众存款案看辩护技巧 ………………………… 钟剑锋 / 77

三、破坏管理秩序类刑事犯罪辩护案例

操纵证券市场犯罪案件的辩护思路 ……………………………… 祝 恬 / 85
对协助骗取银行保理融资行为的定性 …………………………… 苏冠铮 / 89
未经有权单位审批擅自发行出版物构成非法经营罪的有效
辩护 ……………………………………………………………… 舒才中 / 94
未经许可生产危险化学品性质的成品油如何定罪 ………………… 蒋珊珊 / 97
传销活动人数存疑的成功辩护
——陈某涉组织、领导传销活动罪不起诉案 ………………… 韦穗生 / 103
组织、领导传销活动罪案件的辩护思路 ………………………… 张春晓 / 107

无罪案件中律师调查取证权实践要点
——李某涉嫌生产、销售有毒、有害食品罪不起诉案 ……… 李怡忆 / 110
还款资金来源混同诈骗所得款的辩护思路
——郭某慧掩饰隐瞒犯罪所得案 …………………………… 林振宇 / 115
主观故意在走私类无罪案中的审查与认定 ………………… 张成勇 / 120
走私案件的管辖及罪数的认定
——曹某某走私国家禁止进出口的货物案 ……………… 韩 栋 / 127
是罪名错误，还是“认罪认罚”制度下的妥协……………… 张 珩 / 133
证据存疑获“一线生机”
——陈某明贩毒死缓案 ……………………………… 钟宇明 何锦浩 / 137
共同犯罪中主观故意、客观行为的认定思路
——黄某某非法采矿不起诉案件案例分析 ……… 廖 翀 任 艳 / 142

四、侵犯企业及个人权利类刑事犯罪辩护案例

抓住假冒注册商标案关键辩点，大幅减轻当事人刑罚
——颜某某假冒注册商标案例评析 ………………………… 吴安妮 / 151
法定刑 3 年以上的缓刑辩护思路
——陈某明假冒注册商标案 ………………………………… 吴寿长 / 155
对侦查机关认定涉案金额之辩护
——姚某涉嫌假冒注册商标被不起诉案 …………………… 何润榕 / 159
在同案人认罪认罚压力下如何实现决定不予起诉的辩护思路
——吴某国销售假冒注册商标的商品罪一案 ……………… 林星宇 / 163
基于个人同意处理个人信息的，不构成侵犯公民个人信息罪
——以甘某涉嫌侵犯公民个人信息罪一案为例 ………… 邓世运 / 168

区分“知道可能”和“可能知道”，严格把握行为人的“明知”
——以李某涉嫌帮助信息网络犯罪活动罪一案为例 ………… 许胜利 / 173
窝藏罪与重婚罪数罪并罚下的积极辩护 ………………………… 张泽华 / 177

五、职务类刑事犯罪辩护案例

如何判断收取贿赂款后未提供实质性帮助是受贿罪还是诈骗罪
——某甲受贿案 ……………………………………………… 林志明 / 185
公司类职务犯罪案例分析 ……………………………………… 何才荆 / 189
被害人承诺阻却被告人的行为构成挪用资金犯罪 ……………… 卢建雄 / 194
黄某出具证明文件重大失实被判免予处罚案 ………………… 黄　涛 / 199

六、律辩杂谈

海上救生信号弹被列入管制前，是否属于刑法上的爆炸粉 …… 洪树涌 / 207
逃逸与死亡无因果关系不构罪
——李某交通肇事罪不起诉案 ……………………………… 陈进兴 / 211
从不具备合同履行能力证明非法占有目的的控告立案
——官某控告孙某合同诈骗罪一案 ………………………… 常　琪 / 214
网上追逃后被抓获是否还可认定为自首 ……………………… 唐文聪 / 218
诉讼时效在无罪辩护中的运用 ………………………………… 贺奎奎 / 222
拆分办案目标，逐步实现辩护效果 …………………………… 梁敏瑜 / 226

一、诈骗类刑事犯罪辩护案例

如何从10年以上的诈骗罪改变定性为适用缓刑的利用影响力受贿罪

——以庄某某诈骗一案为例

梁圆圆　方　政*

【主旨提要】

公诉机关指控庄某某构成诈骗罪，数额特别巨大，并作出应依法在有期徒刑10年以上量刑的建议。律师团队在第一次开庭前一周接受委托，在短时间内通过查阅案卷、会见被告人、向被告人家属了解情况及调取新证据，发现指控的事实和定性与实际情况并不相符。经过开庭前和经办检察官和法官沟通上述情况，法院取消开庭并要求检察机关进行补充侦查。律师通过对补充证据进行充分分析，重构案件的事实和定性，认为其构成行贿罪的未遂，法院就案件进行了两次庭审，后检察机关变更起诉，认为庄某某的行为应构成利用影响力受贿罪，并与庄某某签订认罪认罚具结书。法院认定庄某某构成利用影响力受贿罪，判处有期徒刑3年，缓刑3年6个月执行。

【基本案情】

2018年8月至2019年4月，为帮助梁某某（另案处理）解决其经营的某商业项目因涉嫌违法建设被停工后的复工问题，被告人庄某某利用李某1、李某2（均另案处理）的姐夫刘某某（某国家机关工作人员）等人的影响力，接受梁某某、张某某（另案处理）的请托找人帮助，并从中收取梁某某通过

* 梁圆圆，北京市天元（广州）律师事务所高级合伙人、执业律师；方政，北京市天元（广州）律师事务所专职律师。

张某某向其贿送的好处费共计230万元。事后，被告人庄某某向陈某送出50万元。因未能解决某商业项目复工问题，陈某退还20万元给庄某某，庄某某向张某某退款70万元。

公诉机关指控：2019年4月，被告人庄某某虚构可以找到有能力的人帮忙解决梁某某经营的某商业项目的复工问题，骗取其人民币230万元。因被告人庄某某一直无法解决上述问题，遂被害人梁某某等人要求其退款，后被告人庄某某向被害人梁某某等人退款人民币70万元，涉嫌诈骗罪，数额特别巨大。

【办案过程】

辩护律师于开庭前一周接受委托，此后迅速开展证据审查及调研工作，多次会见被告人，向被告人家属了解情况及调取证据，发现本案指控的内容和定性均与事实不符，通过与经办检察官和法官充分阐述理由，法院取消原开庭安排并要求检察院对案件进行补充侦查。在原有证据对当事人极其不利的情况下，通过对补充的大量新证据进行复盘和研究，律师团队还原案件事实真相，精准把握定性，认为被告人并不构成诈骗罪，而是构成行贿罪的未遂，且应在3年以下进行量刑。

案件第一次开庭时，检察院坚持认定庄某某的行为构成诈骗罪，庭审期间控辩双方展开激烈辩论，辩护人向法庭提出进一步补充证据的请求，承办法官听取律师意见并决定休庭，再次要求检察院补充侦查。

经过检察院第二次补充侦查，法院组织第二次庭审，在新证据的呈现下，案件情况已经渐趋明朗，辩护律师经分析研判后，提出还需进一步补充证据。检察院在休庭3个月后再次补充了新的证据，查明了陈某及刘某某的身份，并作出变更起诉的决定，将指控内容改为“被告人庄某某身为与国家工作人员关系密切的人，利用该国家工作人员职权形成的便利条件，通过其他国家工作人员职务上的行为，为请托人谋取不正当利益，收取请托人财物，数额巨大，其行为触犯了《刑法》第388条之一第1款的规定，构成利用影响力受贿罪”，并准备与庄某某签订认罪认罚协议。

结合检察院补充侦查的新证据，辩护律师认为，本案应定性为对有影响力的人行贿罪，且被告人属于未遂。因为庄某某既不符合利用影响力受贿罪的特殊主体的要求，也没有利用影响力为请托人谋取不正当利益，其行为不符合利用影响力受贿的犯罪构成要件，不应认定构成该犯罪。而结合在案证据，庄某某为谋取不正当利益，向其认为与国家工作人员关系密切的人行贿，其行为符合对有影响力的人行贿罪的构成要件，应以该罪进行评价。此外，实际庄某某输送款项的对象并不具备对有职权处理该商业项目的国家工作人员的影响力，其行为属于对象不能犯，该部分款项的输送行为应认定为犯罪未遂。

但在第三次庭审开庭前，庄某某从诉讼风险的角度考虑，决定同意签署认罪认罚协议，辩护律师充分尊重庄某某及其家属的意见，在第三次庭审中仅围绕其量刑情节发表辩护意见。

最终，法院经审理认定，被告人庄某某利用国家工作人员职权或者地位形成的便利条件，通过其他国家工作人员职务上的行为，为请托人谋取不正当利益，收受请托人财物，数额巨大，其行为已构成利用影响力受贿罪。公诉机关指控的罪名成立，法院予以支持。依法应当对被告人庄某某适用“3年以上7年以下有期徒刑，并处罚金”的量刑幅度予以处罚。本案查明的量刑情节包括：1. 被告人庄某某当庭如实供述自己的罪行，认罪认罚，依法可以从轻处罚；2. 被告人庄某某已退还全部违法所得，可酌情从轻处罚。公诉机关提出与上述相同的量刑建议，法院予以采纳。被告人庄某某的辩护人提出与上述相同的辩护意见，法院予以采纳。被告人认罪认罚，退回全部赃款，有悔罪表现，宣告缓刑对所居住社区没有重大不良影响，决定对被告人宣告缓刑。为此，综合考量被告人庄某某的犯罪行为、作用、认罪态度等情节，法院审判委员会经讨论决定，依照《刑法》第52条、第53条、第64条、第72条、第73条、第388条之一第1款及《最高人民法院、最高人民检察院关于办理贪污贿赂刑事案件适用法律若干问题的解释》第2条、第10条之规定，判决如下：

一、被告人庄某某犯利用影响力受贿罪，判处有期徒刑3年，缓刑3年6

个月，并处罚金人民币 40 万元（罚金自本判决发生法律效力之次日起 10 日内缴纳，上缴国库，扣押在案的 30 万元抵扣罚金）。

二、扣押在案的被告人庄某某的手机二台予以没收。

三、扣押在案的赃款 160 万元（庄某某退还的 130 万元以及陈某退还的 30 万元）发还给关联案件确定的集资参与人。

【争议焦点】

1. 如何在被告人进行稳定有罪供述的情况下，作出不一样的处理方案。

2. 庄某某的行为应如何定性。

3. 在认罪认罚制度下，辩护人和当事人意见相左时如何处理。

【案例评析】

本案的特殊之处在于当事人对法律的认知浅薄，初期又缺乏律师专业的分析建议。在案证据的充实、当事人的固执、时间的紧迫，使得本案的辩护工作困难重重。

承案之初，辩护律师团队通过阅卷，发现被告人庄某某的多次供述均坚称其没有为梁某某及张某某向他人进行请托并输送款项，只是以此为理由拿钱，结合在案其他证据，认定被告人庄某某构成诈骗罪的证据确实充分，且因其诈骗数额特别巨大，没有其他从轻或减轻的量刑情节，依法应在有期徒刑 10 年以上量刑。

律师团队通过向庄某某的家属了解得知，庄某某确有为梁某某及张某某向他人请托的情况，但家属并不了解具体细节，也没能找到相关证据予以证实。故向庄某某确认其对公安机关的供述是否属实及其供述的理由，是本案的重大突破口。

由于时间紧迫，律师团队第一时间会见被告人庄某某，向其了解情况，同时以事实和法律向其说明其面临的处境，希望其能够对律师如实说明情况。通过数次会见，庄某某终于向律师表示，其确实为解决某商业项目复工问题，为梁某某、张某某寻找请托对象，并输送了款项，之所以之前不如实供述，是因为其主要从事建工行业，担心如果供出受贿人，会影响到其企业的发展，故其就案件情况一直作不实供述。庄某某告知律师其有一台旧手机弃用在家，该手机内的微信聊天记录可直观显示其与陈某利益输送及谋取不正当利益的相关内容。

获知以上情况后，律师团队迅速与家属沟通，让家属找回手机并调取当中的微信聊天记录，律师团队通过对微信聊天记录进行整理，向公安机关、检察院、法院提交意见并提出合理怀疑，法院同意暂不开庭，对案件进行补充侦查，本案终于迎来曙光。

历时半年多的补充侦查，办案部门补充了大量的证据。辩护人通过对全案将近一百个小时的语音证据进行复盘，重新架构了案件的事实，围绕庄某某为梁某某、张某某向他人输送财物的行为性质，细致准备证据审查报告、质证意见、辩护词、证据清单等材料，认为庄某某的行为构成对有影响力的人行贿罪，并构成未遂，依法应在有期徒刑3年以下量刑，并可以适用缓刑。同时，律师团队与家属积极沟通退赃事宜，坚决不放弃任何一个对被告人有利的量刑情节。通过大量的工作和不懈的努力，最终维护了当事人的权利。

一审认定诈骗判处 12 年，重审改判 5 年半

——袁某非法经营罪一案

谢 俊　齐 震*

【主旨提要】

行为人主观上没有诈骗犯罪的故意，即使客观上实施了帮助诈骗分子的行为，行为人的行为依然不构成诈骗罪；在没有相关资质的情况下，经营境外期货业务，属于非法经营范畴，构成非法经营罪。

【基本案情】

（一）案件背景

袁某在案发前从事股票投资相关业务。2014 年底，袁某认识了李某，随后被李某所展示的投资自动化交易方面的编程技能所折服，遂决定与李某一同合作开展境外活期资金投资业务。

从 2015 年开始，袁某通过自己投资的方式进行测试，在认可李某的技术可从境外投资平台稳定盈利后，就开始鼓动自己的父母、兄弟及身边的亲朋等一同参与该境外活期资金投资项目赚钱盈利。同时，袁某与李某协商成立公司，由袁某负责市场营销，李某负责技术团队、办理投资牌照及与香港地区投资平台的对接及封闭操盘等工作，投资盈利后各方按比例进行分配。案发前，各投资人均能按协议约定比例获得稳定盈利。

2016 年 11 月，李某告诉袁某境外投资项目所在的香港地区投资平台出现黑天鹅现象，所有投资人的钱全部爆仓亏损。其中的投资人王某在向李某索

---

* 谢俊，广州金鹏律师事务所合伙人；齐震，广州金鹏律师事务所律师。

要登录密码查询自己名下交易记录后发现，真实交易记录与袁某转发给其的交易记录完全不同，怀疑被骗遂案发。

（二）检察机关指控

袁某伙同李某（另案处理）以虚构的香港地区某交易平台量化交易软件，可以赚取高额利润为诱饵，在公司不具备相关资质、未经相关部门批准的情况下，向不特定社会公众宣传活期资金委托计划，承诺投资者可获保本保息的利益，诱使群众投资该计划产品，造成多名被害人共计人民币 3792500 元的损失，其行为构成诈骗罪。

（三）辩护意见

承办律师从侦查阶段开始接受当事人袁某的委托开展辩护工作。在侦查阶段，辩护人提出袁某对虚构的交易记录并不知情；在审查起诉阶段，辩护人进一步提出涉案量化交易软件客观存在；在法院审判阶段，辩护人坚持无论同案人李某是否存在诈骗行为，袁某也并未与李某形成诈骗的主观联络，其行为不应构成诈骗罪。主要辩护意见如下：

1. 现有证据不足以证明袁某虚构了香港地区某交易平台量化交易软件

（1）卷宗材料中仅有受害人王某的陈述提及，其曾电话询问过香港地区某投资有限公司，该公司人员告诉其在该公司投资平台上并不能链接外接程序操作交易，除此之外，辩护人再未发现能证明该量化交易软件系虚构的证据。辩护人曾多次书面申请调取本案涉案人员在该平台投资的具体证据，但因平台在境外难以查证，而现有证据不充足，那么不能断定该交易软件不真实存在。

（2）通过被告人袁某、李某两人关于量化交易软件系客观存在的供述，结合证人赵某“我看到过李某用这个软件交易过，是智能化交易，自动下单”的证言，以及辩护人提交的《计算机软件著作权登记证书》，均可以证实涉案量化交易软件客观存在。

2. 李某将受害人王某的资金挪归其个人使用，以及伪造交易截图骗取王某资金的行为，袁某并不知情

（1）袁某始终供述其在 2016 年 11 月爆仓之前不知情，在爆仓后，李某才告诉其钱被自己挪用了，袁某一直以为钱在平台运作。

（2）李某在卷宗笔录及在当庭的问话中确认，其让袁某转发给受害人王某的假的收益截图，当时并未告知袁某实情，是在爆仓后才告诉袁某系虚假截图。这进一步证明袁某在李某伪造客户虚假的交易截图时不知情。

（3）通过查阅袁某、李某、袁某哥哥三人在爆仓后解决问题时的微信聊天记录，李某称："……本来这个事情是跟两位袁总没关系的……""……我这边的话，根据我们的情况来去把他偿还就可以了，而且第二个的话，谈到最后还是也要我还钱，不是也不可能是袁总还的……""……这次绝对是我的失误……那他要给我时间弥补这个错误。我也承认我的错，也给王某道歉，也会偿还。最终他的意思就是要拖你们下水，我都不知道是怎么回事。"这些微信聊天记录足以证明，李某承认挪用王某投资款是其个人行为，其对因为此事连累袁某和袁某哥哥被王某骚扰感到抱歉，进一步证明袁某与李某之间没有诈骗的共谋。

（4）在交易过程中，各投资者通过袁某将款项转至李某名下，再由李某转至香港地区某交易平台相应账户下，操作由李某独自完成，交易记录则由李某截图后转发给袁某，再由袁某发送给各投资人。

辩护人找到爆仓后参与解决此事的证人赵某，赵某将当时李某打开各投资人在香港地区某交易平台账户下的操作记录进行截图并进行了保存。赵某将相关截图交与辩护人，辩护人对该截图与侦查机关调取的袁某手机中李某发送给其的各投资人账户交易情况截图进行比对，发现如下问题：

关于投资人王某的交易数据		
证人赵某提供的各投资人账户在交易平台交易情况的截图	袁某手机中李某发送给其的交易数据截图	
2016年8月没有交易记录，资产净值显示为252.51美元	2016年8月交易记录五笔，资产净值显示为184508.50美元	20160805 卖出1.4手　买入价1334美元　卖出价1339.2美元　盈亏728美元
		20160810 卖出3.9手　买入价1335.1美元　卖出价1347.5美元　盈亏4855.5美元

续表

<table>
<tr><th colspan="3">关于投资人王某的交易数据</th></tr>
<tr><td rowspan="3">2016 年 8 月没有交易记录，资产净值显示为 252.51 美元</td><td rowspan="3">2016 年 8 月交易记录五笔，资产净值显示为 184508.50 美元</td><td>20160816 买入 2.3 手 买入价 1344.2 美元 卖出价 1357.5 美元 盈亏 3059 美元</td></tr>
<tr><td>20160817 卖出 2.3 手 买入价 1357.5 美元 卖出价 1339.3 美元 盈亏 4186 美元</td></tr>
<tr><td>20160824 卖出 4.6 手 买入价 1338.7 美元 卖出价 1331.5 美元 盈亏 3312 美元</td></tr>
<tr><td rowspan="7">2016 年 9 月没有交易记录，资产净值显示为 252.51 美元</td><td rowspan="7">2016 年 9 月交易记录七笔，资产净值显示为 206565.50 美元</td><td>20160907 卖出 4.5 手 买入价 1332 美元 卖出价 1344 美元 盈亏 5359 美元</td></tr>
<tr><td>20160919 买入 4.6 手 买入价 1337 美元 卖出价 1317 美元 盈亏 9407 美元</td></tr>
<tr><td>20160919 卖出 4.6 手 买入价 1317 美元 卖出价 1313 美元 盈亏 1633 美元</td></tr>
<tr><td>20160920 买入 4.6 手 买入价 1313 美元 卖出价 1316 美元 盈亏 1170 美元</td></tr>
<tr><td>20160927 卖出 4.6 手 买入价 1316 美元 卖出价 1335 美元 盈亏 5724 美元</td></tr>
<tr><td>20160930 买入 4.6 手 买入价 1335 美元 卖出价 1326 美元 盈亏 4232 美元</td></tr>
<tr><td>20160930 卖出 4.6 手 买入价 1326 美元 卖出价 1319 美元 盈亏 2029 美元</td></tr>
</table>

李某在卷宗中及当庭供述王某的资金并未投入香港地区某交易平台的账户，也确认当时并未将此情况告知袁某，结合证人赵某提供的截图证据，足以证明袁某并无诈骗他人的主观故意。若李某的行为属于诈骗，袁某也未与李某达成诈骗的共谋。

（四）一审判决

认定袁某的行为构成诈骗罪，相关辩护意见不予采纳，判决袁某犯诈骗罪，判处有期徒刑 12 年。

(五) 二审裁定

原判决认定事实不清，裁定撤销原判决，发回重审。

(六) 重审一审判决

认定袁某及辩护人提出其行为不构成诈骗罪的辩解及辩护意见予以采纳。袁某违反国家规定，未经国家有关主管部门批准，非法从事期货业务，扰乱市场秩序，情节特别严重，其行为已构成非法经营罪。判决袁某犯非法经营罪，判处有期徒刑5年6个月。

【争议焦点】

袁某等人的行为是否构成诈骗罪?

【案例评析】

本案中关键的问题在于，涉案软件是否真实存在?是否真的可以链接境外投资平台进行交易?如何证明证人赵某提供的交易记录截图是客观真实的?李某的行为是不是诈骗?如何证明袁某与李某之间没有诈骗的共谋?

因为袁某亲眼看见李某操作涉案软件进行设置操盘，袁某介绍的其他投资人(包括袁某几个兄弟及朋友)也亲眼见过，因此袁某等人深信涉案软件真实存在，且可以对接境外投资平台进行量化交易。但是，当辩护人对证人赵某提供的投资人的交易数据截图和李某发送给袁某的交易数据截图内容进行对比后发现两者完全不同。而且辩护人进一步发现，李某发送给袁某的交易数据截图内容(对多名投资人的数据综合分析后发现)具有明显的量化交易痕迹(表现为所有投资人账户的交易信息内容一致，均是买入时间一致、买入价一致、卖出时间一致、卖出价一致)，而证人赵某提供的交易数据截图内容无任何规律。

证人赵某是袁某的朋友，也曾受袁某邀请参与该项目的投资，但后来退出了，在2016年11月爆仓时，袁某曾邀请赵某一同到场，当时李某登录各投资人账号，让投资人查阅账号中爆仓情况，赵某就是在那时截图保存的资料。另一边，在操作过程中，因李某声称需封闭操作，故都是由李某通过微信将各投资人的交易数据截图发送给袁某，这份数据截图是三方（袁某、李某、投资人）分配收益的基础，李某从未告诉过袁某这些交易数据是假的。因此，在辩护人将这些情况告诉袁某后，袁某才意识到自始至终，自己就是那个被骗子骗了，却在帮骗子数钱的人。

辩护人为了证明赵某所提供的截图是真实的，曾申请调取境外投资平台中本案各投资人的账号交易信息、证人赵某出庭作证、对赵某原始电子数据进行真伪鉴定等，但最终未获得允许，证人赵某所提供的截图证据最终未获得法院采纳使用。

因此，在现有证据情况下，辩护人首先肯定涉案交易软件真实存在，其次通过对袁某证言、李某证言、各证人证言、袁某银行流水、袁某与李某几年间的微信聊天记录内容等证据综合分析，认为即使李某存在诈骗行为，袁某也没有与李某形成诈骗的共谋，最后再论证袁某并无诈骗的主观故意，最终法院认为公诉机关指控诈骗罪证据不足，认定袁某的行为构成非法经营罪。

非法搭建股票、期货交易平台吸引客户投资交易，从中非法获利的，应以非法经营罪论处

——刘某某诈骗罪一案

叶秀雄*

【主旨提要】

未经监管部门许可，利用网络搭建股票、期货交易平台并吸引客户投资交易，通过收取交易点差、手续费等方式实现非法盈利，但未操纵客户交易行情走向和控制投资盈亏，该经营行为不受证券、期货监管机构监管，严重扰乱了交易市场秩序，应以非法经营罪定罪处罚。

【基本案情】

2017年初，刘某某及同案人共同设立广州恒某投资管理有限公司及相关公司，非法设立证券交易平台或期货交易平台CIG、HDI、AGE等。通过微信邀请被害人进群，导入平台等手段，引导被害人在平台入金投资股票、期货等方式，利用点差、手续费及对赌等非法获利人民币1亿多元。

承办律师在辩护时以本案不构成诈骗罪，应当认定系非法经营罪为主要抓手，通过制作和提交《法律意见书》《调查取证申请书》《思维导图》《证据汇总》《一审辩护词》《证据清单》《请求类案检索申请书》《量刑建议表》等法律文书，向检察机关和人民法院发表了如下辩护意见：

---

* 叶秀雄，广东雄远律师事务所律师。

（一）刘某某的行为不符合诈骗罪的犯罪构成，依法不应认定其触犯诈骗罪

1. 刘某某主观上没有非法占有的犯罪故意

刘某某等人的目的是规避国家的监管和审批，非法设立证券交易平台或期货交易平台，吸引投资者到其平台上进行交易，从而赚取各种明示的交易费用和对赌赚取投资者买错行情的交易损失。

（1）证据显示，刘某某等人创办广州恒某投资管理有限公司后，先后非法设立了数个股票交易平台和期货交易平台，从这一系列设立不同的交易平台的行为上可以看出，刘某某等人的初衷和动机就是通过非法设立各种交易平台来赚取经营收益，而不是想非法占有投资者所投入平台的资金。

（2）刘某某等人所设立的非法交易平台中“能入金、能出金”的功能和事实充分显示刘某某等人没有非法占有被害人投入平台资金的主观故意。

（3）刘某某等人在非法设立的交易平台中向客户明示了所有的交易规则和交易费用，如交易手续费、点差、强制平仓线、库存费、仓管费、出入金汇率、出入金手续费和强制平仓规则，这些客观事实充分说明了刘某某等人没有非法占有客户投入其平台中的资金的主观故意。

（4）证据显示，在客户亏损太多时，刘某某等人会通过“返佣”“全赔”等方式处理客户的投诉，以维护他们非法设立的期货交易平台的正常运行，这也充分说明刘某某等人没有非法占有的主观故意。

（5）刘某某等人在非法设立的交易平台中接入的是真实的实时行情走势，他们也没有在后台篡改平台中的交易数据，这些都充分说明他们没有非法占有的主观故意。

（6）将非法经营交易平台的犯罪成本、预期利润与诈骗罪的犯罪成本、预期利润对比可知，一般人打算铤而走险、以身试法时，都会选择犯罪成本更低且预期利润更高的非法经营活动，而不会选择犯罪成本更高且预期利润不及非法经营的诈骗活动，刘某某也不例外。

2. 犯罪嫌疑人刘某某等人虚构事实和隐瞒真相的虚假宣传和夸大收益的行为不是被害人发生投资亏损的必然和根本原因，两者之间没有诈骗罪上的

刑事法律因果关系

（1）刘某某等人聘请员工假扮老师、谎称平台合法、炫耀投资回报等虚构事实和隐瞒真相的行为只是民事欺诈性质的虚假宣传和夸大收益行为，其目的仅仅是想吸引客户到其非法设立的交易平台上进行交易，客户在入金到刘某某等人非法设立的交易平台后，并没有丧失对其财物的所有权。

（2）被害人的损失主要体现为两个方面：一是在交易时付出的交易费用，二是自己作出交易决定后因买错行情而发生的交易亏损。但这些都并非刘某某等人的欺诈行为必然导致的。

（3）刘某某等人在非法设立的交易平台中与客户对赌行情走势的行为与部分受害人的损失之间没有诈骗罪上的刑法因果关系。首先，刘某某等人与客户对赌的原因是维持非法设立的平台的正常运行，而非诈骗。其次，刘某某等人是根据实时真实的行情走势与客户对赌的，不可能操控输赢结果，不可能存在虚构事实和隐瞒真相的行为。最后，只要刘某某等人在对赌中信守行规、愿赌服输，其对赌行为就不应认定为诈骗。

（4）刘某某等人在客户下单交易时所谓“反方向喊单”的行为与部分受害人的损失（少部分人不亏反赚）之间没有诈骗罪上的刑法因果关系。

（5）不应将刘某某等人在客户入金到其平台后将资金转移到股东私人账户的行为认定为诈骗。

（6）刘某某等人没有将交易平台接入真实的交易场所、只是虚拟交易的行为不是决定客户盈亏的必然和根本原因，其与被害人的亏损之间没有诈骗罪上的刑法因果关系。

（7）刘某某等人在交易平台设置“点差”等参数的行为不是诈骗，他们没有刻意、恶意地通过“点差”让客户爆仓。

（8）刘某某等人设置的高杠杆是为了迎合客户一夜暴富的贪念，而非以此诈骗客户。

（9）“有客户赚钱出金”的客观事实说明决定客户是否获利的最终原因是客户自己对交易市场的判断和对交易行为的掌控。既然获利出金归因于投资正确，那亏损出金时就不能抛开投资风险而一味归咎于刘某某等人。

（二）设立证券交易所或期货交易所均必须由中国证监会审批，未经国务院或者中国证监会批准，任何单位或者个人不得设立证券交易场所和期货交易场所或者以任何形式组织证券交易或期货交易及其相关活动，或者变相设立证券公司和期货公司经营相关业务。从在案证据反映的实际情况来看，以非法经营罪来追究刘某某等人的刑事责任才最为恰当。

人民法院经审理后认为，被告人刘某某等人无视国家法律，共同结伙实施电信网络诈骗，数额特别巨大，其行为已构成诈骗罪。本案中，被告人刘某某等人为实施电信诈骗，形成较为固定的犯罪组织，分工明确，在国内、境外实施严格管理，有预谋、有计划地实施500多起电信诈骗，社会危害严重，具备犯罪集团的特征，应依法认定为犯罪集团。刘某某系犯罪集团首要分子，……各辩护人所提辩护意见合理部分本院予以采纳。依照相关法律规定，判决如下：被告人刘某某诈骗罪，判处有期徒刑13年，并处罚金人民币100万元。

【争议焦点】

1. 应认定刘某某等人构成诈骗罪还是非法经营罪。
2. 如何对刘某某等人进行量刑处罚。

【案例评析】

（一）本案的法律适用结果与成文法、法理、立法目的之间的关系

一方面，平心而论，本案的法律适用结果是没有大问题的。面对司法实践中的争议，在国家加大打击电信网络诈骗力度的背景下，本案法院依据《刑法》第266条的规定，作出“诈骗罪成立”的判决，是无可厚非的。

《刑法》第266条规定，诈骗公私财物，数额较大的，构成诈骗罪。究其法理，诈骗罪是否成立关键在于行为人是否存在非法占有的主观故意和是否存在以虚构事实、隐瞒真相的方式诈骗公私财物的客观行为。国家的立法目的就是通过依法打击以非法占有为目的，以虚构事实、隐瞒真相等方式诈骗公私财物的犯罪行为，保护公私财产的所有权，维护社会秩序、经济秩序，

保障社会主义建设事业的顺利进行。

本案中，法院正是基于本案多名证人（另案被告人）以及被告人吴某“客户肯定是亏损的，不亏公司就无法盈利，公司的运营均是靠客损支持”的供述，认为刘某某等人犯罪集团是以客户亏损作为其主要盈利点并且竭尽所能利用各种手段如高杠杆、高手续费、高点差、高平仓线等造成客户亏损，足以反映出刘某某等人具有非法占有他人财物的犯罪目的；平台事先以各种手段、“话术”诱骗客户进入交易平台，并且根据事前分工，由另案被告人假扮讲师、分析师等身份，采用反向喊单等多种欺骗手段，对被骗入局的投资者进行多层、多次盘剥，直至无利可图或引起客户警觉方才罢手。并且客户的出金均进入吴某某等人控制的个人账户，根本未进行任何实际交易。可见具有诈骗他人的行为；本案即使存在非法经营行为，非法经营与诈骗也系手段与目的的关系，是牵连犯，应以处刑更重的诈骗罪论处。

但另一方面，《刑法》第225条规定，违反国家规定，未经许可经营法律、行政法规规定的专营、专卖物品或者其他限制买卖的物品的，买卖进出口许可证、进出口原产地证明以及其他法律、行政法规规定的经营许可证或者批准文件的，未经国家有关主管部门批准非法经营证券、期货、保险业务的，或者非法从事资金支付结算业务的，以及其他严重扰乱市场秩序的非法经营行为，扰乱市场秩序，情节严重的，构成非法经营罪。

在办理本案时，本律师检索同类案例的生效判决与裁定，发现有许多高度相似的案件，法院基本上均以行为人的欺骗行为与被害人的损失之间不具有刑法上的因果关系；行为人虽采用了夸大事实等不实手段引诱投资者在平台上进行交易，但客户的损失与行为人的行为之间不具有必然的因果关系……为由，判定相关被告人的行为触犯非法经营罪，而非诈骗罪。

因此，希望立法机关或最高人民法院能统一法律适用标准，进一步制定出更具可操作性的司法解释，为该类型案件的同案同判给予更具体的指引。

（二）律师从个案事实和裁判中抽象出可以推广的规则和方法

1. 律师在办理刑事案件时应用心研究案涉成文法、法理和立法目的，以对当事人负责、对法律负责的高度责任感读懂、研透案涉事实、案涉法律以及两者之间的关联，从而找出最佳的辩护思路。

2. 律师在办理刑事案件时应积极查找与案情高度类似的类案判决来充实辩护意见，依法争取辩护效果的最大化。

3. 严格按照“以事实为依据、以法律为准绳”的原则，适当运用辩护技巧，认真撰写高水平的法律文书，通过严谨、细致、有理、有据地分析罪与非罪、此罪与彼罪等核心问题，在积极追求无罪或改变定性的同时，力争即使罪名成立也能为当事人依法争取从宽处理的最佳辩护效果。

因古董交易涉嫌诈骗终获无罪的辩护思考

王　宇*

【主旨提要】

涉古董类诈骗案属于诈骗案中较难辩护的类型，主要原因在于要面对不利的鉴定意见或结论不同的鉴定意见。由于部分古董往往无法通过科学测量的方式鉴定真伪，只能依靠鉴定人长期积累的经验进行判断，这就对鉴定人的专业水平和职业操守提出了极高的要求，但司法实践中一般只要鉴定人具有鉴定资质、鉴定程序合法，鉴定意见的结论就会被全盘采纳。如何在鉴定意见不利的情况下，将案件的庭审焦点锁定在案件发生时被告人是否具有非法占有的主观故意、是否具有虚构事实、隐瞒真相的行为，并围绕该焦点展开辩护且达到预期的效果，本案的辩护历程为此类案件的辩护提供了一个成功的范例。

【基本案情】

（一）公诉机关指控的事实

2011年7月1日，肖某某和姚某桂签订《合作投资协议》，约定由姚某桂出资400万元人民币进行股票投资，由肖某某全权操作，无论投资盈亏多少，肖某某均需固定付给姚某桂15%的利润作为投资回报，并归还本金，合作期限两年。2013年7月3日，协议到期后姚某桂要求肖某某支付529万元。肖某某因投资失败无力支付，提出延长合作期限，被姚某桂拒绝。二人经商议决定以肖某某收藏的文物抵债，姚某桂表示同意。最终以肖某某收藏的

---

* 王宇，北京浩天（广州）律师事务所律师。

“清雍正时代的青花海水龙纹大盘”（2010 年 1 月，首都博物馆研究院王某城曾给出收藏价值不大的意见；2011 年 8 月，故宫博物院器物部研究馆员吕某龙曾给出收藏价值不大的意见）和“清雍正时代的青花釉里红花鸟纹长颈瓶”（2011 年 8 月，故宫博物院器物部研究馆吕某龙曾给出收藏价值不大的意见）抵销 529 万元债务，姚某桂另行支付 46 万元，同时肖某某赠送一对“康熙民窑小花瓶”。2013 年 9 月，姚某桂认为四件瓷器为假古董，要求肖某某退货，被肖某某拒绝。2015 年 1 月 15 日，姚某桂向公安机关报案。2016 年 3 月 23 日，湖南省文物鉴定中心对上述四件瓷器进行鉴定，鉴定结果为：青花釉里红花鸟纹长颈瓶为现代工艺制作品，市场价人民币 10000 元；青花海水龙纹大盘为现代工艺制作品，市场价人民币 15000 元；民窑小花瓶为现代工艺制作品，市场价共计人民币 6000 元（两件）。公诉机关认为，肖某某以非法占有为目的，隐瞒真相，以假文物骗取他人财物，共人民币 575 万元，数额特别巨大，其行为触犯了《刑法》第 266 条的规定，应当以诈骗罪追究其刑事责任。

（二）处理过程

肖某某因涉嫌诈骗罪于 2016 年 1 月 13 日被羁押，一审被判决无罪，于 2017 年 5 月 23 日被释放，后检察机关抗诉，二审发回重审。重审后再次被判无罪，检察机关再次抗诉，二审驳回抗诉，维持原判。

（三）裁判理由与结果

重审二审法院认为，现有证据不足以证实肖某某以非法占有为目的，虚构事实、隐瞒真相骗取他人财物，起诉书指控肖某某犯诈骗罪证据不足，罪名不成立。

1. 关于鉴定意见是否应予采纳的问题

本案有湖南省文物鉴定中心、广东省文物鉴定站对涉案四件瓷器进行鉴定，均作出涉案瓷器为现代仿品的鉴定意见，上述鉴定意见系公安机关依法委托，鉴定机构及鉴定人员具有鉴定文物资质，且对于关键部分的鉴定结论具有一致性，依法应予以采信。

2. 对于现有证据能否认定肖某某主观具有非法占有故意的问题

经查，肖某某在签订该以物抵债协议之前，虽然有两位行业专家曾对涉案瓷器给出过反面意见，但根据在案证据，无法证实肖某某在签订协议时明知其用于抵债的瓷器系现代仿品，亦无法推断其主观具有非法占有的故意。理由如下：

（1）涉案瓷器均为肖某某案发前较早时间购买，且直至案发都作为珍贵收藏在家中收藏。

（2）涉案瓷器均来源于正常古玩途径。本案中，涉案的青花海水龙纹大盘系肖某某在广州古玩城的古玩商铺花20万元购得，该商铺店主徐某光及徐某光上一手卖家江某辉均证实青花海水龙纹大盘来源系通过古玩市场的正常途径，且多次流转亦通过正常古玩价格交易，卖家徐某光曾亲自将该青花海水龙纹大盘送到惠州，并出示“到代保证书”，保证不到清雍正年底可退货。涉案的青花釉里红花鸟纹长颈瓶，系肖某某从著名收藏家马某某妻子名下的古玩店以18万元购得，古玩店系合法工商登记，具有经营资质，且购买时马某某出具了亲笔签名的品质保证书证实该瓶年代为清雍正。由此可知，上述瓷器来源、交易价格均符合古玩市场正常情形，肖某某有一定理由相信其应当是古董且具有升值空间。

（3）现有证据不足以证实两名专家的意见改变了肖某某的主观认知。肖某某自身具有一定的古瓷器知识和收藏经验，在案亦提交其个人针对涉案瓷器的判断分析意见，虽然2010年、2011年两名专家先后给出过“收藏价值不大”的评价，但其供述对两位专家的意见持否定态度，与其事后行为、表现相符。证人陈某武、刘某森证实2010年1月肖某某听到专家王某城对其青花海水龙纹大盘作出评价“收藏价值不大”后反应较大，有当面顶撞及事后辱骂王某城的行为，且证人李某海证实其在2010年中秋节与姚某桂到肖某某家中，肖某某仍介绍青花海水龙纹大盘是其珍藏的贵重古董，在卖家出具过“到代保证书”的情况下，肖某某并未找过卖家退货，而专家吕某龙在2011年8月对青花釉里红花鸟纹长颈瓶作出“收藏价值不大”的评价后，直至案发肖某某一直将涉案古董摆放在家中，未作鉴定也未找马某某退货。故现有证据无法证实专家的评价对肖某某的主观认知产生实质性影响，不能据此推定肖某某明确知道涉案瓷器为现代仿品，与被害人签订以物抵债协议时具有非法占有的故意。

3. 对于现有证据能否证实肖某某虚构事实、隐瞒真相的问题

本案中，肖某某供述及被害人陈述均证实，双方签订以物抵债协议时肖某某提出以古董抵债，被害人出于对肖某某的信任并且对涉案古董有一定了解，并未要求肖某某出示古董来源及其他情况，而肖某某在并不认同两位专家评价的前提下，未详尽将专家的不同看法告知被害人，系一种消极的不作为，不能据此认定肖某某对被害人隐瞒真相。

4. 关于本案是否适用古董交易规则的问题

对于抗诉机关提出本案系明确以物抵债，不适用古董行业“打眼”“捡漏”的相关意见，原审被告人及其辩护人提出本案应当遵循古董市场交易规则，存在因“打眼”而受到损失的风险等辩解、辩护意见。经查，双方签订以物抵债协议时双方以古董真品为前提进行交易，但经鉴定证实涉案古董均为现代仿品，双方因该以物抵债协议所发生冲突应当在民事法律关系中依照相关法律规定解决，是否适用古董市场交易规则不影响本案起诉书指控罪名的犯罪构成。

综上所述，在案证据不能证实肖某某主观上具有非法占有的故意，亦不能证实其客观上实施了虚构事实、隐瞒真相骗取他人财物的行为，肖某某不构成诈骗罪。

【争议焦点】

1. 鉴定意见是否能作为认定涉案瓷器真假的唯一依据。
2. 肖某某是否具有非法占有的主观故意。
3. 肖某某是否具有虚构事实、隐瞒真相的行为。
4. 本案是否适用古董交易规则。

【案例评析】

本案属于古董交易中产生纠纷而引起的刑事案件。被害人通过以物抵债，耗费巨资从被告人处购得涉案瓷器，本希望通过拍卖大赚一笔，不料拍卖行给出的起拍价远低于其购买价，遂要求被告人退货，被拒绝后便到公安机关报案被诈骗。检察机关认为本案构成诈骗罪的主要理由有：第一，涉案瓷器经鉴定是现代工艺制作品，因此一定是假古董；第二，业内专家给出过“收藏价值不大”的意见，被告人在交易前一定明知涉案瓷器为假古董，却又高价卖给被害人，属于诈骗罪中的隐瞒真相；第三，被害人要求退货，被告人不退，其具有非法占有的主观故意。辩护人认为，本案的关键点在于被告人和被害人达成以涉案瓷器抵债时，被告人是否具有向被害人虚构事实和隐瞒真相的行为，以及此时被告人是否具有非法占有被害人财物的主观故意，过于纠结鉴定意见或申请重新鉴定对于案件并无绝对的益处，反而会转移庭审焦点。以此为出发点，通过强调被告人和被害人均为古董收藏爱好者，被害人具有一定的古董鉴别能力，在交易时遵循行规，未要求被告人说明瓷器来源和入手价格，被告人亦无义务主动讲明，证明了被告人并无虚构事实和隐瞒真相的行为，又通过强调涉案瓷器均可溯源，且购买价格远高于鉴定意见给出的价格以及被告人在得知专家给出的意见后的反应和态度，来论证被告人自始至终都认为涉案的瓷器为真，同时在庭审中反驳“不退货即诈骗”的观点，证实了被告人并无非法占有的主观故意，从而在无法完全推翻鉴定意见的情况下，获得了法院对于该部分辩护意见的采纳，取得了无罪的判决结果，辩护目的达成。

让证据说话，从判刑7年到无罪

何浩湧*

【主旨提要】

司法实践中经常出现民事纠纷被追究刑事责任的情况，主要涉及的类型化事实为，被告人和被害人在案发前都有过多年正常的生意往来，在某个时刻被告人使用了一些欺诈手段获取了被害人的钱款或货物，最后被告人因客观原因还不了钱，被追究刑事责任。主要涉及的罪名是诈骗罪或合同诈骗罪。对于诈骗罪或合同诈骗罪罪与非罪的界定，司法实践常出现的问题为，将只要有欺诈行为且款项没归还等同于诈骗，将款项没归还等同于具有非法占有目的。这种错误的认定方法导致不少民事纠纷被认定为诈骗罪或合同诈骗罪。诈骗罪或合同诈骗罪一般应从欺骗内容、欺骗程度和欺骗结果三方面予以界分，重点在于非法占有目的的认定。本案例能从一审定诈骗罪判处7年有期徒刑到重审一审检察院不起诉，关键在于司法机关对诈骗罪罪与非罪认定思路的转变以及对有利于被告人事实认定证据标准的降低。

【基本案情】

（一）案件事实

本案有三位重要角色，分别为：被告人张三（化名）、被害人小红（化名）、涉案车辆所有权人李四（化名）。小红与张三曾经是同事，两人于2015年至2016年合作“车贷”生意，由张三提供客户资源，小红提供资金放贷，共同谋利。两人按照这种模式合作了六七次。同时，张三长期以高息向小红

---

* 何浩湧，国信信扬律师事务所合伙人律师。

借款做生意，笔数众多、还借频繁，截至案发尚欠小红60多万元。李四与张三是朋友关系，李四通过张三介绍向小红质押车辆借款两次，另外案发前李四对张三有其他欠款。2016年5月，李四经张三介绍以自己名下车辆做质押向小红借款45万元，借款期限三个月，月息2%。借款到期后，李四无法偿还欠款，且下落不明。李四所质押的车辆在2016年9月被张三以38万元价格变卖。对于车辆变卖款是否已经偿还小红，张三与小红产生争议。

张三称，卖车前后所转给小红的多笔款项就是用来抵偿李四的欠款的。小红称，卖车前后所转的多笔款项是用于偿还张三个人对自己的欠款的，不能算为卖车款抵偿李四的欠款。小红要求张三立即归还卖车款，张三不同意。

后来，小红又发现李四交付的涉案车辆《机动车登记证书》系伪造，怀疑张三、李四一起做局骗钱、骗回车辆。小红找李四还款或还车，李四否认与张三合谋拿回车辆，同时要求小红赔偿车辆价值抵偿欠款后的差价。三人陷入僵局。2017年1月15日，小红向公安机关控告张三、李四利用虚假《机动车登记证书》骗取借款，张三以借车名义骗取车辆并擅自出售，私吞车款。2018年8月，张三因涉嫌诈骗罪被刑事拘留，同年9月被逮捕。2019年5月，检察院提起公诉。

（二）案件处理过程

承办律师在一审审判阶段介入。鉴于案件疑难，律师撰写了3万余字的审查意见，自行取证7组100余页，解决的核心问题如下。

1. 用证据证明小红委托张三卖车

（1）证明微信聊天记录的真实性

鉴于在张三提供的微信聊天记录中，小红问张三“车辆定金几号支付”，但没有原始手机核实真伪。查证微信聊天记录的真伪尤为重要。检察院在退查期间已发函让公安机关核查，但公安机关回复称，腾讯后台没有保存微信聊天记录，小红拒绝提供自己手机的开机密码，无法核实微信聊天记录的真伪。为此，律师用了四种方法证明了微信聊天记录的真实性，其中最重要的是反推法。具体为：通过证明张三提供的微信聊天记录和支付记录是同一手机在同一时间段截图形成，再证明支付记录的真实性反推了微信聊天记录的真实性。

（2）通过证据证明销售抵押车无须交付《机动车登记证书》

买卖抵押车辆本质只是买卖车辆的使用权（因为没法过户），因此张三辩解抵押车辆销售不用交付《机动车登记证书》等材料有一定合理性。此外，抵押合同中只有首页，没有李四的任何签名，本案车辆实质没有形成法律意义上的质押或抵押，小红不享有担保物权。本案连签署抵押合同这么重要的事情都没严格操作，更别说委托卖车一定会交付一个可有可无的《机动车登记证书》。

2. 论证张三非法占有目的的证据不足

本案张三与小红长年存在大量的借款关系，查证张三与小红是否存在委托卖车关系没有实质意义，应当综合全案分析张三是否存在非法占有目的。涉案车辆只是质押给小红作为 45 万元本金的担保。在质押人之前表达要卖车还债被拒绝后，以失去联系的形式表达难以偿还款项，即使认定张三擅自出卖车辆，也要先查明销售车辆款项的去向，再结合其他事实，综合认定张三出售车辆的目的，再认定张三是否有占有该车对应的财产价值的目的。而对于李四，张三明显没有非法占有目的。对于车辆销售款项的去向，张三有两种说法：一种是在卖车前后陆续把卖车的款项全部给了小红，另一种是有一部分给了小红，有一部分自己用了。由于车辆的去向不明，没有买家的证言，只有一个证人证实，又缺乏交易的记录，因此张三出售车辆的具体时间、收款的方式、收款的时间均不明，目前只能认定张三在销售车辆前后，一直有向小红转账，无法证实张三向小红转账的钱款与这个销售车款到底是什么关系。综上，目前最多只能根据张三后期的供述，认定张三将部分售车款自己使用，但无论是将售车款全部使用还是部分使用，在张三始终认可还欠小红 60 多万元的债务，以及张三在出售涉案车辆前后有一直向小红转账行为的情况下，即使认定张三擅自卖车并扣留了卖车款，也不能认定张三具有非法占有的目的。

（三）裁判理由与结果

2020年7月，一审法院判决张三犯诈骗罪，判处有期徒刑7年。2020年11月，二审法院裁定案件发回重审。2021年7月，重审一审期间，检察院撤回起诉并作出不起诉决定。检察院不起诉的理由为：小红是否委托张三卖车的事实存疑、张三的非法占有目的存疑。2021年10月，一审法院作出国家赔偿决定，赔偿张三46万余元，案件终结。

【争议焦点】

1. 小红是否委托张三卖车。
2. 张三是否具有非法占有目的。

【案例评析】

本案重审一审较原审一审在适用法律上有两方面的转变：一是对于有利于被告人的事实标准从严格证明标准转变为优势证明标准；二是综合全案事实认定是否具有非法占有目的。这种认定方法均符合法理及最高人民法院关于类案罪与非罪认定的指导思路。

对于绝大多数刑事案件，司法机关能及时精准认定。然而对于存疑案件，刑事程序一旦启动，犯罪嫌疑人必定经历侦查、审查，过程漫长、痛苦。虽说疑罪从无（这里的“疑”既包括基础事实的“疑”，也包括法律适用的“疑”），但不同的司法人员证据标准不同，所理解的日常经验法则或法律适用不同，所得出结论也有可能不同。因此，从辩护效果来说，“疑”也要多找证据证明，并进行梳理分析。对于这类案件，律师的辩护空间较大，可通过自行取证、证据梳理、拆析论证等方式协助司法机关查清事实，促使司法机关作出有利于被告人的认定。

从一则不起诉案看借贷型诈骗罪的认定标准

颜 勇*

【主旨提要】

诈骗罪要求行为人客观上使用欺诈方法使被害人陷于错误认识并交付财物。在实践中，针对诈骗罪客观方面的考察主要分为两个方面，即欺诈行为的实施和被害人基于错误认识交付财物。是否实施欺诈行为应当根据客观情况进行综合判断，严格区分民事欺诈和刑事诈骗行为是关键。而判断被害人是否陷于错误认识则往往依赖于被害人的陈述，或结合其他证据材料进行推断，判断难度较大。如果行为人客观上实施了欺诈行为，但被害人并没有陷入错误认识，则行为人不构成诈骗罪。本案主要是从证据内部逻辑出发，论证了行为人客观上不存在欺诈行为，被害人也并没有基于错误认识并交付财物。

【基本案情】

（一）案件事实

侦查机关认定，2016年，被害人詹某1、詹某2（詹某1之子）一家居住于某小区9栋1502房（租房）。被害人詹某1因患病经犯罪嫌疑人詹某的介绍入住相关医院得到了较为满意的治疗，詹某凭借詹某1对自己的感激得到了他及其家庭成员的信任。2017年，詹某1同时租下该小区6栋B单元103房用于居住、养病，詹某出于诈骗财物的需要，提出同住该处租房且得到了詹某1的同意。

---

* 颜勇，广东天商律师事务所主任。

犯罪嫌疑人詹某与谭某（已因犯非法经营罪与詹某等人一起被判处刑罚）经营私下兑换美元、澳大利亚元等的非法经营活动，有银行账目相关款项的往来。詹某私下与他人经常存在兑换外币的非法业务往来。詹某为逃避打击，采用瞒骗的手法，取得詹某1的岳母雷某的信任、配合，使用雷某的身份信息开立了银行账户，随后使用该账户套取赃款并非法占有，随后与谭某等人一起私自兑换外汇、实施非法经营活动。

2017年4月25日，犯罪嫌疑人詹某出于诈骗的目的，对詹某1谎称有急用，需短暂借用200万元人民币，当天就能归还。詹某1在自己住处通过家人的银行账户向詹某指定的谭某的银行账户转账200万元人民币，后詹某寻找借口拖延归还。同年5月9日，詹某再次采用瞒骗方式，骗走詹某2共计200万元人民币（在其住处9栋1502房操作转账），同样让詹某2将上述款项转至其指定的银行账户以及证人谭某的银行账户，至今未缴获。詹某通过雷某的银行账户套取部分赃款，其他赃款通过他人兑换外汇获得人民币，并指使谭某兑换外币支付给他人。2017年7月3日，詹某1发现被诈骗后自行从雷某的银行账户取出被诈骗部分款项15万元人民币。詹某诈骗詹某1共400万元人民币，其中200万元人民币尚被另案人谭某占有。

根据詹某的供述，其只是作为詹某1与谭某之间的借款介绍人，没有支配过涉案的任何资金，并且詹某1也明确知道詹某与谭某在从事非法买卖外汇，其对于借款的用途是清楚的。另外，詹某否认其利用詹某1岳母雷某的银行账户套取了部分赃款，该账户是詹某1在使用，其并不持有该账户。

（二）处理过程

1. 全面梳理案件材料的不合理之处

在本案中，侦查机关对案件事实的认定存在不合理之处。主要有以下几个方面：

一是针对第一笔200万元涉案款项，詹某1称是詹某跟他借的，只是詹某久拖不还，他怕当时没有打借条很难收回来，所以在第一次报案时才谎称是被骗。本案也没有其他证据材料证明詹某存在欺诈行为。但侦查机关在此种情况下仍然认定詹某存在欺诈行为。

二是400万元资金的流向和使用存在异常。根据詹某1提供的银行流水，400万元资金全部流入了谭某的银行账户，詹某反而没有经手过一分钱，甚至詹某也不清楚谭某是如何使用该笔资金的，资金流向的下游詹某也全都不认识。另外，侦查机关指控詹某通过詹某1岳母雷某的银行账户套取资金，且该账户与谭某存在较多的资金往来。但在案发时，该账户的银行卡在詹某1手上，据他所说是詹某不小心遗落在他家里的，并且银行卡上还标注了密码。

三是证人王某关于詹某诈骗时的细节描述过于清晰，比较反常。在本案中，王某称其在詹某诈骗时正在詹某1家做客，听到了詹某1针对诈骗行为在骂詹某。显然，证人的证言是想间接证明詹某存在诈骗行为。一般而言，供述和证言的内容清晰、完整有利于证明案件情况。但王某对于几年前到朋友家的一次普通做客，能够清晰地记得日期、地点（詹某1有多个住处）甚至是对话内容，这就显得十分反常了。

四是詹某、詹某1、谭某三人有一个微信群，詹某与谭某等人会在里面谈外汇买卖的事情，这说明詹某1与谭某是认识的，且可能对于涉案资金的使用情况是知情的。

2. 提交补充侦查申请书

承办律师在全面梳理卷宗材料之后，向检察机关提出了补充侦查申请：(1) 对雷某银行卡绑定的手机号码的实名登记身份信息进行调取。(2) 查清该账户在进行大额汇款操作时是否需要手机验证码。(3) 查清与该账户存在大额资金往来的相关账户的资金来源以及资金流向。上述申请的主要目的在于查清该银行账户的真正使用者。(4) 詹某、詹某1、谭某三人所在微信群的聊天记录。检察机关采纳了辩护人的意见，对案件退回补充侦查。

3. 提交申请不起诉法律意见书

针对第一次补充侦查情况，辩护人提交了第一份关于全案证据不足，现有证据不能证明詹某构成诈骗罪，请求检察院作出不起诉决定的法律意见书。经过反复沟通，办案机关高度重视辩护人的意见，对案件进行了二次补充侦查，但没有获得充分的证据。基于此，辩护人再次提交了法律意见书，针对资金流向的异常、证人证言的可采性、客观证据缺失等多个方面提出了法律意见，再次申请检察院作出不起诉决定。

（三）裁判理由与结果

经审查并退回补充侦查，检察机关认为侦查机关认定的犯罪事实不清、证据不足，不符合起诉条件。依照《刑事诉讼法》第 175 条第 4 款的规定，决定对詹某不起诉。

【争议焦点】

1. 詹某是否实施了欺诈行为。本案用以证明詹某客观上具有欺诈行为的证据仅有詹某 1 等人的陈述及证言，证明力薄弱，需结合全案证据进行判断。

2. 詹某 1 是否陷于错误认识而交付了财物。詹某是否知道资金使用人、资金用途等情况是判断其主观上是否陷于错误认识的关键。

【案例评析】

（一）案件总结

检察机关作出不起诉决定的理由是侦查机关认定的事实不清、证据不足，该不起诉决定属于存疑不起诉，本案在证据方面存在多方面的缺失，无法形成完整的证据链条，无法达到证据确实充分的标准，检察院适用法律准确。

本案的争议主要集中于诈骗罪客观构成要素，包括行为人的欺诈行为以及被害人基于错误认识处分财物两个方面。其中，被害人基于错误认识处分财物又包含两个要素：一是被害人陷于错误认识，即使行为人实施了欺诈行为，但没有让他人陷于错误认识的，不构成犯罪；二是虽然陷于错误认识，但交付财物行为与陷于错误认识不存在因果关系的，也不构成犯罪。

詹某 1 称詹某是以借款的名义进行欺诈，但以借款为由的欺诈需要考察行为人是否存在虚构事实或者隐瞒真相的行为。例如伪造抵押证明、伪造借款用途资料等，如果行为人仅以“手头紧”需要用钱等理由进行借款，应属正常的借贷纠纷，一般不认为构成犯罪。在案证据材料仅有詹某 1、詹某 2 单方陈述詹某存在欺诈行为，缺乏其他证据予以印证，证明力较为薄弱，不能证明詹某存在欺诈行为。

另外，在案证据显示，涉案400万元的收取人和使用人均为谭某，詹某并未经手过涉案财物，也没有从谭某处获得过利益。如认为詹某处心积虑地为非亲非故的谭某谋取利益而不求任何回报，这明显有违常理。

（二）经验与心得

1. 对于借贷型诈骗犯罪，要重点考察行为客观上是否存在欺诈行为，并严格区分民事欺诈与刑事欺诈

如行为人谎称生意周转需要实际上是将借款偿还其他债务，但同时又按时还本付息，不存在转移财产行为的，一般应认定为民事欺诈较为妥当。在实践中，同一个客观欺诈行为可能被认定为民事欺诈，也可能被认定为刑事欺诈，办案机关会根据行为人的其他行为进行综合判断，例如没有还款能力又虚构借款事由的，又如将借贷资金用于个人挥霍的，被认定为刑事欺诈的可能性就很大。因此，可以从借款原因、借款过程、资金流向、还款意向、还款能力等多方面进行辩护。

2. 越是挑不出毛病的证言越应当引起重视

我们都知道，在被告人供述和证人证言中出现“记不清了”等表述是很正常的事情，特别是针对过于细节的询问。时间久远、信息差、事项重要程度等是这种现象出现的原因。因此，当证人证言关于时间久远事情的描述细节过于清晰的时候，就应当引起重视，因为这极有可能是主观臆测甚至是虚假的。

合同诈骗案辩护人如何还原民事合同纠纷本质

——结合陈某合同诈骗案分析

李晓月[*]

【主旨提要】

经营中药材的被告人陈某因经济原因不能如期履行到期合同，但其此前与被害人之间的小额合同的正常履行，表面上构成《刑法》第224条第1款第3项规定的“没有实际履行能力，以先履行小额合同或者部分履行合同的方法，诱骗对方当事人继续签订和履行合同的”的情形，被指控构成合同诈骗罪。

经辩护人调查，涉案中药材行业的交易惯例为货物销售后拿到下家的回款再支付给上家，佐证了被告人无法收回货款的辩解理由。在研读案卷后，提出大多数被害人仅为一次性交易，不成立“先履行小额合同诱骗”，其余被害人与被告人之间的交易属于小额进货确定货物品质后，逐渐增加进货量的通常中药材业务模式。最终辩护人提出，陈某因无法收回货款的客观原因，不能及时支付货款，没有欺骗的故意与行为，只能认定为民事上的欠款纠纷，得到了法院的支持。案件经法院准许后，检察院撤回起诉，并作出事实不清、证据不足的不起诉决定。

【基本案情】

检察院指控，2016年11月至12月，陈某在某土特产市场、某农贸综合市场等地，没有实际履行能力，以口头协议的形式分别向林某、李某、谷某

* 李晓月，广东宋氏律师事务所执行主任。

等9人购买红参、高丽参等货物，仅支付小部分货款或订金，并将红参、高丽参等货物销售牟利自行花用，到期拒绝支付剩余大额货款总计3707483.5元，并以拒接电话等方式逃避被害人催款，构成合同诈骗罪。

该案经一审法院审理，判处陈某有期徒刑10年6个月，二审法院裁定发回重审。在重审一审审理的过程中，检察院撤回对陈某的起诉，法院准许检察院撤回起诉，后作出赔偿决定书，赔偿陈某人身与精神损害。

陈某认为，自己没有欺骗林某、李某等9人，收到红参、高丽参后就出售给下家何某，由于没有收回下家货款，不能及时向林某等人支付货款，本质上只是一个合同纠纷的欠款行为。自己也一直在筹集、归还货款，没有拒绝、逃避被害人，不构成犯罪。

辩护人接受陈某委托后，经梳理案情后认为，如何证明陈某没有非法占有的目的与骗取财物行为，是本案的关键。经研究，辩护人认为有关陈某的辩护面临两大困难：第一，多名被害人陈述都是在被欺骗的情况下，以为陈某有支付能力，才将货物给陈某，如此多人的指控对陈某极为不利；第二，陈某仅偿还了小部分款项，还有大部分款项无法偿还，出现不能及时还款的情况后，仍然与其他人进行买卖红参、高丽参等货物的交易。

这两个难点给本案的辩护增加了很大难度。加之涉案金额达到300多万元，面临10年以上有期徒刑，并且陈某经营不善，无力还款，小孩又很小，妻子当时在家待业。因此，这个案件的结果直接关系到陈某和他的整个家庭的命运。

办理本案的过程中，辩护人积极调查取证，搜集对被告人有利的关键证据，仔细查阅案件材料发现本案证据情况与公诉机关指控的事实存在巨大的差异，通过对中药材行业交易惯例的调查研究说服法官对于特殊行业要特殊对待，具体辩护工作开展如下：

（一）第一时间调查取证，留存关键证据

辩护人通过第一次会见了解到陈某向被害人购买货物后，转卖给了证人何某、林某，随后辩护人立即展开调查取证工作，获取证明陈某无罪的几项关键证据，包括：证人收到全部货物的情况说明，证人给陈某出具的欠款凭证，证人对于陈某购买该批货物前因后果的陈述。通过这些证据，可以证实陈某真实做生意的意图，且有积极催款想办法还款给被害人的行为。

在案件侦查过程中，证人林某由于涉及其他违法行为，逃避侦查失去联系，后续办案人员想跟他核实案件情况时已经无法找到本人，因此辩护人在立案初期及时向其调取的证据就显得非常关键。

（二）从案卷中寻找细节证据，证实实际情况不符合“非法占有目的”的情形

辩护人仔细翻看案卷材料，发现：

1. 多数被害人都是第一次与陈某合作、交易，也只有一次交易行为，不可能存在“以先履行小额合同的形式骗取被害人信任，制造正常交易的假象”的情形。

2. 公安机关收集的银行流水与收据等书证显示，陈某拿到9位卖家货物后，第一时间转卖给何某，由何某对外出售，并且长期以来陈某都是拿货后卖给何某出售到市场上，这个模式已经持续了一段时间，是完全有履行能力的。

3. 陈某从下家何某等人处筹集部分货款后，其中一部分用于陈某父亲的心脏病手术费用，剩余都偿还给被害人，没有“自行花用”。

4. 货款到期无法支付后，陈某手机号、微信号没有更换，也都有跟被害人联系，甚至在被害人的要求下出具还款计划、承诺书，可见是因为客观原因不能还，不是“不想还”。

辩护人依据上述证据细节，将准备的意见附有案件的具体证据、证据来源，提交给合议庭，以证明陈某的行为不符合“以非法占有为目的”的情形，认定陈某合同诈骗罪的证据不充分。

（三）查询、研究合同诈骗与合同纠纷的相关法规、法理、案例及文献，提交给法院，厘清本案只是合同纠纷，并非合同诈骗

合同诈骗罪是指以非法占有为目的，在签订、履行合同过程中，骗取对方当事人财物数额较大的行为。而民事合同纠纷是指有履行合同的诚意，也希望积极促成合同的履行，只是由于客观原因而未能履行合同，或在履行合

同中违反合同的某项条款，由此使合同的另一方受到损失。

最终辩护人提出，陈某因无法收回货款的客观原因，不能及时支付货款，没有欺骗的故意与行为，只能认定为民事上的欠款纠纷。被害人完全可以通过民事途径维护权益，陈某需承担相应的民事责任，偿还货款。将欠款纠纷上升为刑事犯罪既不符合法律明文规定，也不符合公平原则。

（四）走访中药材市场，研究特殊行业规则，用法律的形式来解读和界定，帮助法官理解特殊规则

本案中陈某一直辩称他们行业惯例就是货物出手拿到回款再支付给上家，所以他和被害人约定都是一个月左右付完尾款，但是办案机关认为这个说法不符合常理。

辩护人通过去中药材市场走访调查，了解到陈某所说的回款之后再付款，确实存在。中药材市场汇集了国内外巨大数量的药材，还有很多贵重中药材，同时中药材的特性也对保存条件、时间等提出了苛刻的要求。量大、价高、保存期限短，导致货主们都需要快速出手货物，因此他们对于药商支付货款的时间也相应宽容了很多。

辩护人将这一发现提供给法院进行核查，对于证明陈某并非故意拖延不支付货款，没有非法占有的目的，起到了积极的作用。

【争议焦点】

1. 被告人在经营状况不好的情况下仍继续开拓新业务，签署新的民事合同的行为属于正常的风险投资行为还是没有实际履行能力诱骗被害人的行为。

2. 被告人向部分被害人先履行小额合同，后大额合同无法履行的行为属于正常的购买行为还是履行小额合同骗取被害人信任后，恶意占有、不愿还款的行为。

【案例评析】

在这个案件中，陈某被羁押两年多，历经一审、二审、发回重审一审程序，两级法院对是否构成合同诈骗犯罪都有很大的争议，本案对于区分合同

诈骗罪与合同纠纷具有典型意义。并且本案并不是普通商品的买卖纠纷，涉及的是中药材这个特殊的行业。对于中药材特殊行业交易的准确判断和认定，具有借鉴意义。

从该案中，辩护人总结出该类涉及民事纠纷与合同诈骗罪认定存疑的案件的办案要点：

第一，辩护人必须有证据意识，有针对性地收集、固定证据，之后的辩护往往会取得很好效果。特别是一些关键证据存在灭失的可能性，或者关键证人无法再找到，及时固定和留存证据对于证明案件关键事实有极大作用。

第二，辩护人要了解、研究特殊行业的规则，用法律的形式来解读，帮助法院了解特殊规则。辩护人认为，在介入一些特殊行业时，比如本案的中药材行业，必须保持审慎的态度。如果对一个行业没有深入了解，仅凭表象就机械适用法律来打击，将会对这些行业产生负面影响。而作为辩护人，不仅要了解法律，更要了解规则、研究规则。案件涉及特殊行业时，更需要辩护人打破法律条文和行业规则之间的壁垒，成为贯通二者的桥梁。

关于合同诈骗罪的共犯问题评析

——陈某坤被控合同诈骗罪

邓淦章*

【主旨提要】

合同诈骗罪是以非法占有为目的，在签订、履行合同过程中，骗取对方当事人一定数额财物的行为。在司法实践中，合同诈骗可能由数个行为人共同实施，各行为人在具体案件中的分工各不相同。但是，从共同犯罪的构成来看，共同犯罪行为人必须对共同犯罪具有故意，如果各行为人之间欠缺相互协调共同实施特定犯罪行为的意思沟通，则不能成立共同犯罪。在数人共同实施的诈骗案件中，“明知”是追究被告人刑事责任的必要因素。因此，正确厘清犯罪被告人是否具有共同的犯罪故意是处理案件的关键。

【基本案情】

2018年4月13日，林某某向派出所报警称其被庞某宏、陈某坤、陈某东三人以虚假的身份证明骗取300万元。公安机关查明：从2013年开始，犯罪嫌疑人庞某宏承包某公司的工程资金出现困难。后来，庞某宏拖欠犯罪嫌疑人陈某坤、陈某东的工程款、借款一直无法偿还。从2015年12月开始，庞某宏伙同陈某坤、陈某东多次密谋解决其资金问题。在陈某坤的指使下，庞某宏、陈某东制作了含有庞某宏相片的虚假身份证复印件。2015年12月13日上午，庞某宏、陈某坤、陈某东在某酒店与被害人林某某见面商量。庞某宏将其事先准备好的虚假身份证（姓名庞某勤）复印件一份、集体土地房产

* 邓淦章，北京市盈科（广州）律师事务所律师。

证一份（房产登记号：2007集登字9000××××，经房产局档案馆证实，该证于2014年12月18日报失，已被注销）作为借款抵押，并以高额利息为诱饵，骗取林某某的信任。2015年12月14日，林某某在银行将200万元转入庞某宏指定的银行账户中。

2016年1月24日上午，庞某宏、陈某坤、陈某东在酒店与林某某见面。庞某宏将其虚假身份证（姓名庞某勤）复印件一份、商品房买卖合同一份作为借款抵押，并以高额利息为诱饵，骗取林某某的信任。2016年1月25日，林某某在银行将100万元转入犯罪嫌疑人庞某宏指定的银行账户中。

2016年10月24日，庞某宏与林某某见面，以上述手法再次向林某某以高额利息借款10万元。当日，林某某通过其手机银行将10万元转入陈某坤的银行账户中。庞某宏向林其某借到上述310万元后，遂将这笔钱偿还了陈某坤、陈某东的工程款、借款。

林某某发现被骗后，要求庞某宏还款，但其一直无法还款。林某某报案后，庞某宏、陈某坤、陈某东于2018年6月10日被抓获。

【办案过程】

（一）控方意见

被告人庞某宏在从事工程承包经营活动中，资金困难，拖欠被告人陈某坤、陈某东的款项无法归还。庞某宏、陈某坤、陈某东经商议，陈某坤提议由其介绍庞某宏认识被害人林某某，由庞某宏冒充其兄长庞某勤的身份，使用庞某勤的集体土地房产证向林某某抵押借款，然后再归还陈某坤、陈某东的款项。经陈某坤介绍安排，三个被告人与被害人见面，庞某宏冒充庞某勤的身份，向林某某提供其与陈某东事先伪造的身份证复印件（由庞某勤的身份资料与庞某宏的照片合成），以庞某勤名下的集体土地房产证抵押借款，陈某坤、陈某东作为见证人，与林某某签订房屋抵押贷款合同，骗取其款项合计310万元。犯罪数额特别巨大，三个被告人应对上述犯罪行为承担责任。

（二）辩方意见

1. 没有证据证明陈某坤有合同诈骗的主观故意，民事欺诈行为与合同诈骗罪的区分关键是“非法占有目的”的界定

通俗来说，民事欺诈中的行为人，是希望以“虚构、隐瞒”的欺骗行为，促成合同的成立与生效，并通过履行合同的行为取得相应的利益，行为人通常有实际履行的行为；而合同诈骗罪的行为人则希望以欺骗手段，直接性地取得对方的某种处分、支付，而非法占有对方处分、支付行为所指向的财物，取得利益，行为人通常无实际履行行为或履行极少的合同义务。

关于陈某坤是否有共谋实施诈骗的问题，有以下几个方面需要证据证明：

（1）首先看认识经过，庞某宏在第一次庭审中回答公诉人的问题时明确表示第一次认识的时候叫庞总。陈某坤的供述：我就跟林某某介绍其为庞总，是做工程的。而陈某东的供述：我记得是在某酒店二楼，然后当时就是庞老板跟林老板谈。由此可见，并没有证据证明在此之前几个被告人形成共谋。

（2）其次看庞某宏冒充庞某勤的身份实施诈骗的时候陈某坤是否知道其真实身份。庞某勤作为证人出庭作证证明了陈某坤与庞某勤是不认识的，陈某坤也不知道庞某勤是庞某宏的哥哥。陈某坤的供述：我就跟林某某介绍其为庞总，是做工程的。之后，我发现他的房产证及身份证复印件上都是叫庞某勤，但庞某宏称其有两个身份。我就没有再追问庞某宏身份的问题了。陈某东的供述：我一直都叫他庞老板，也不知道具体名字。由此可见，也没有证据证明在此之前几个被告人存在诈骗的合意。

（3）最后看被告人有没有约定得到利益，俗称分赃。庞某宏在回答司法机关的问题时说得很清楚，陈某坤及陈某东在他向林某某借到钱后没有得到什么好处，他只是想借钱来还债。陈某坤的供述以及陈某东的供述均认为没有得到好处，与庞某宏的供述高度一致。试想一下，如果一起共谋实施诈骗行为，为何没有约定对于诈骗的款项如何分配赃款呢？而且，庞某宏在借到上述款项后也并没有卷款潜逃，而是用于还款、支付工地装修费用以及工人工资等合法用途，更进一步证明了本案被告人陈某坤主观上没有非法占有的犯罪目的及动机。

2. 没有证据证明陈某坤有合同诈骗的行为，合同诈骗犯罪必须要有虚构事实、隐瞒真相的行为

本案中，庞某宏借钱时确实使用了假的身份证，但这并不能直接证明被告人主观上具有非法占有的目的，《刑法》明确规定合同诈骗罪是指“以非法占有为目的”的行为。借款时即便存在欺诈，也不能当然地认为构成诈骗，必须要有其他证据证实行为人具有非法占有目的。考查是否具有非法占有目的应该从行为人的事后行为进行评价。是否构成“非法占有”，根据司法实践，对于行为人通过诈骗的方法非法获取资金，造成数额较大资金不能归还，并具有下列情形之一的，可以认定为具有非法占有的目的：（1）明知没有归还能力而大量骗取资金的；（2）非法获取资金后逃跑的；（3）肆意挥霍骗取资金的；（4）使用骗取的资金进行违法犯罪活动的；（5）抽逃、转移资金、隐匿财产，以逃避返还资金的；（6）隐匿，销毁账目，或者搞假生产、假倒闭，以逃避返还资金的；（7）其他非法占有资金、拒不返还的行为。

本案中，庞某宏主观上在借钱时明确地知道其所经营公司具有营业收入，相信自己完全具有还款能力，借钱只是用于临时周转；而且其在借钱后并无逃匿的行为，且积极偿还借款本息，后来因为生意失败，无法偿还借款时也没有逃匿，而且积极面对此事。庞某宏借钱后的用途都是用在工地的生意，因为资金周转慢，借钱周转是常事，没有证据证实其借钱后有赌博或挥霍的行为；庞某宏在借款后有积极履行合同、多次偿还借款利息的行为。庞某宏对欠款从未否认，并表示在有能力的情况下肯定会偿还。案发后，庞某宏也承认其用庞某勤的身份借钱还亲笔签署《骗取经过》，其最终的目的也是证明其欠钱的事实。以上事实足以认定庞某宏的借款行为不具有非法占有的目的。

此外，在案证据仅有庞某宏本人的供述，没有其他证据证明陈某坤具有《刑法》规定的合同诈骗行为，依法不构成合同诈骗罪。

本案中庞某宏在伪造庞某勤的身份时，陈某坤是完全不知情的，其一直以为庞某宏与庞某勤是同一个人（庞某勤也证明其与陈某坤互不认识）。因为当地的习俗，很多人都有两个名字，包括本案中的林某某以及陈某坤本人（有陈某坤的户籍证明以及银行卡证明）。陈某坤在受蒙蔽的情况下才帮林某

某做见证人，完全是出于好心帮忙，没有任何私心，而且帮忙下载借款合同等都是林某某同意的，并不存在诈骗的行为。

3. 被害人的财产损失与被告人的行为没有刑法上的因果关系

刑法上的因果关系是指行为人虽实施了虚构事实、隐瞒真相等欺骗行为，但相对人并未因此陷入错误认识，其处分财产等行为系因自愿或其他原因，相对人财产受损与行为人的欺骗行为之间不具有刑法上的因果关系，行为人不构成合同诈骗罪。

本案中的第一被告庞某宏是否构成诈骗罪，辩护人不做评判。但是对于陈某坤来说，首先，他没有实施虚构事实、隐瞒真相等欺骗行为，其次，即便他知道庞某宏的名字，他也没有义务去审查该名字的真实性。更加重要的一点就是：当庞某宏与林某某签订抵押借款合同时，林某某并没有因此陷于错误，其处分财产的行为系因其自愿。

有下列证据证明：(1) 林某某的第一次询问笔录非常清晰地表示“我 12 月 14 日经自己仔细查实了庞某勤提交给我的资料，没发现问题，我就在 12 月 15 日将 200 万元打入广州某装饰工程有限公司账户上”。第二次借 100 万元时也进一步表示“因为之前仔细查看过他的资料”。(2) 根据本案中的《借款抵押合同》《现金借条》《协议书》《授权委托书》以及《转委托授权委托书》的内容可以看出，被害人借钱给庞某宏实际上是为了谋取高额利息，最终目的是通过签订《协议书》房屋买卖合同的形式来获得两套房屋的所有权。(3) 本案的被害人在案发后，曾经找过三个被告人协商还钱事宜，其知道通过庞某宏追回损失的希望非常渺茫，就利用陈某坤在借款合同中的见证人的地位具有一定的牵连关系而嫁祸给陈某坤，其目的就是要陈某坤替庞某宏还钱，如果不还的话就通过公安机关立案，转成刑事案件。

并非所有的欺骗行为皆属于合同诈骗罪的实行行为。暂且不论主观方面的非法占有目的，即使行为人在合同的签订过程中，存在“虚构、隐瞒”的欺骗行为，但该行为需要达到使相对方产生认识错误，并基于认识错误处分财产，且该行为对合同的履行产生实质性影响，即相对方受到侵害或面临被侵害的现实风险。从生活常理来看，对于大额借款，出借方一般会要求借款人提供财产抵押，对不动产的抵押则要到房产局办理抵押登记，依法设定抵押物的优先受偿权。没有办理抵押登记的债权只能是普通债权，属于信用借款，是基于相信借款人还款能力的借款。行为人虽有虚构事实、隐瞒真相等行为，但该行为对合同的实际履行并未产生实质影响，且行为人亦未对取得的借款进行挥霍，不构成合同诈骗罪。

（三）法院判决

经过两次开庭审理，法院作出一审判决，认定被告人在现场作为“见证人”在合同上签字，应对庞某宏的诈骗行为承担责任；在共同犯罪中起次要、辅助作用，是从犯；判处被告人庞某宏有期徒刑 10 年，陈某坤有期徒刑 6 年，陈某东有期徒刑 5 年 6 个月。

案件提起上诉后，二审法院于 2020 年 3 月 10 日裁定发回重审。

【争议焦点】

被告人陈某坤是否构成合同诈骗罪的共犯。

【案例评析】

合同诈骗犯罪罪与非罪争议较大，多数案件存在犯罪竞合、证据材料多等情况。在办理合同诈骗犯罪案件过程中，除应审查经济犯罪案件的共性因素即主体及刑事责任能力、主观方面的犯罪故意及犯罪目的、客观方面的行为手段等外，还应着重对合同诈骗案件中特定情形的证据进行审查。

结合本案的办理过程，有几个关键问题值得法律从业人员思考。其一，在第一被告认罪认罚的前提下，第二被告是否坚持作无罪辩护？笔者认为，在充分了解案件的事实以及对在案证据清晰研判后，如果证据尚未足够，能够排除合理怀疑，可以作无罪辩护。其二，只要作为见证人在借款合同上签字，就构成合同诈骗罪吗？要证明该见证人与借款人构成共犯，其证明标准又该如何评价？其三，本案的真实情况是被告人庞某宏在从事工程承包经营活动中，资金困难，拖欠被告人陈某坤、陈某东的款项无法归还。陈某坤为了能够追回货款，便介绍庞某宏向被害人借钱。那么，假如陈某坤没有在借款合同上签字，是否就必然无罪呢？

从无罪辩护案例浅析合同诈骗罪与合同纠纷的界限

黄 飞 姚少微*

【主旨提要】

合同诈骗罪与合同纠纷的区分界定存在一定的复杂疑难性，正确对合同纠纷和合同诈骗罪进行界定，关乎当事人合法权益，也有利于保护公平、自治的市场交易秩序。合同一方主观上有无非法占有他人财物的目的，是区分二者的关键。合同诈骗无罪判例在主观方面的分析，均是从被告人犯罪目的角度入手，考量被告人有无履约能力、有无履约行为、合同项下财产去向、事后有无补救措施或是否愿意承担责任等，如果合同一方享受权利后努力去承担义务，但由于发生了无法预料的事实，致使合同无法履行，对此，应当以合同纠纷处理，不能定合同诈骗罪。

【基本案情】

2013 年 2 月 23 日，被告人两父子（化名张三、张三子）与某上市公司（以下简称 A 公司）商谈股权转让事宜并达成收购意向，商定张三父子将公司全部股权以及资产以 1.5 亿元转让给 A 公司……张三父子应当全面配合 A 公司进行尽职调查。

2013 年 4 月 3 日，双方签订了《股权转让协议》，协议约定：A 公司以 1.5 亿元的固定价格，受让张三父子公司全部股权及资产。交割日以前形成的包括债权债务在内的一切责任由转让方（张三父子）承担。交易价款应首

* 黄飞、姚少微，广东智洋律师事务所律师。

先根据协议附件三双方确定的债务清单按顺序逐一清偿债务，受让方（A公司）有权监督每一笔资金的合理使用情况……除已由转让方向受让方书面披露的担保外，不存在任何担保或第三方权益公司的负债，如转让方陈述不实，无论是故意还是过失，超出负债清单的任何债务仍由转让方承担。双方还对协议附件一至五应在2013年4月7日前提供等细节达成共识并形成了《会议纪要》。随后双方确定作为协议附件三的债务清单列明公司债务总计127415075元，均为实有债务，清单形成的具体时间空白。

2013年4月23日、24日和5月9日，A公司完成了工商变更登记手续。随后A公司在依协议按照债务清单偿付张三父子公司的债务过程中，发现张三父子债务清单对公司债务的披露不完整。经交涉，张三子在同年5月下旬提供了另一份债务清单，列明债务总计165836828元，其中实有债务134669758元，另有包括某投资担保公司的反担保债务26500000元等或有债务共计31167070元。A公司认为张三父子在股权转让时隐瞒上述反担保债务，导致A公司清偿债务将超过1.5亿元的股权转让价格，造成巨大损失，且在此期间张三父子及亲属转移资产后隐匿消失，涉嫌合同诈骗罪，向公安机关报案，公安机关于2015年5月18日决定立案，于2016年10月19日在某4S店内将张三子抓获、于同年11月25日在张三住所将其抓获。

原审法院认为，被告人张三父子以非法占有为目的，在签订股权转让合同过程中，故意隐瞒公司的债务，骗取被害单位的收购资金，数额特别巨大，其行为均已构成合同诈骗罪。依照《刑法》第224条第5项、第64条等规定，判处张三有期徒刑14年，判处张三子有期徒刑13年。两父子不服上诉，二审法院裁定撤销判决发回重审，重审仍认定两父子构成犯罪，但部分金额事实不清楚，从有利于被告人的原则，减去部分涉案金额，分别判处有期徒刑11年和10年。两父子不服再次上诉，最终，经重审二审法院合议庭评议，对两父子的定性上采纳了辩护人的无罪辩护意见，以事实不清、证据不足为由判决撤销有罪判决，对两父子作出无罪判决。

【争议焦点】

1. 本案张三、张三子是否具有非法占有目的。

2. 本案张三、张三子是否实施了诈骗行为。

【案例评析】

本案中，原审判决认定张三父子在股权转让过程中实施了故意隐瞒债务的行为，且是故意隐瞒债务的实际获益者，具有非法占有的目的。其中认定张三父子的非法占有目的主要是根据其二人在股权转让后，未将转让房产所得款及被害单位支付给其二人及家人实际控制的关联公司往来钱款4600余万元用于偿还涉案债务，具有逃避履行合同义务的行为。因此对其作出了有罪判决。

本案办理的疑点、重点在于：对张三父子与A公司因股权并购债务披露事宜而引发A公司巨大财产损失的问题应当如何定性，是属于民法上的合同纠纷还是刑法上的合同诈骗罪。虽然二者在客观表现上有很多相似之处（都产生于民事交易过程中，以合同形式出现，对合同义务不履行或不完全履行，时而伴有欺骗行为等），但也存在本质上的区别（行为人主观上有无非法占有他人财物的目的），认定罪与非罪的问题，应当从犯罪构成要件进行分析论证。

根据《刑法》第224条的规定，以非法占有为目的，在签订、履行合同过程中，骗取对方当事人财物，数额较大的行为，是合同诈骗罪。根据该条规定，合同诈骗罪主观方面具有非法占有的故意，客观方面表现为签订、履行合同过程中实施骗取对方当事人财物的行为。

评判一个行为是否构成合同诈骗罪，应坚持主、客观相一致原则，要避免单纯根据损失结果客观归罪。在我国刑法中，财产性的犯罪分为取得型犯罪与毁损型犯罪，合同诈骗就是典型的取得型犯罪（故意毁坏公私财物就属于毁损型犯罪）。同时，也要看行为人在签订和履行合同过程中有无欺骗行为以及欺骗内容、欺骗程度和欺骗结果；行为人在签订合同后有无履行合同的实际行为；考察行为人未能履行合同的原因；看行为人在违约以后是否愿意承担违约责任，以及在取得对方资金后是否有实际占有拒不返还以及转移资产、逃匿等逃避履约的表现等方面综合考量。

根据罪刑法定原则，本案张三父子的行为无论是在主观方面还是在客观方面，均不符合合同诈骗罪的犯罪构成要件，主要体现在以下几个方面：

（一）张三父子不具有非法占有目的

1. 不具有骗取并购款的可能性。本案不同于通常意义上的股权转让，一般情况下，股权转让款是收购方支付给转让方关于股权的对价，转让方可以自行支配使用的款项。但本案的1.5亿元，依据《股权转让协议》，相关款项由A公司控制并代偿张三父子公司的债务，债务清偿后剩余款项（如有）才能归属张三父子，张三父子无法通过签订协议时隐瞒债务的方式骗取并购款。

2. 不具有非法占有的事实。在协议履行过程中，除了张三子曾经收到5万元外，其他款项都是由A公司直接支付给张三父子公司相关的债权人，张三父子不存在与债权人勾结、虚构债务套取并购款的行为，也从未实际控制、使用、处分并购款。

3. 不存在转移、隐匿资产或逃匿行为。证据表明，变卖房产的主体系张三的另一个儿子，且房产为其多年前用自有资金购买，与A公司无关，房产及房产的交易与本案没有任何关联性。一审判决因亲属关系认定是张三变卖了房产，显属认定错误。另外，虽然办案机关向张三父子原籍寄送通知、与他们工作手机联系得不到回应，但张三父子对此已作出合理解释（原户籍地址多年未住人，工作手机在协议履行过程中已移交给A公司）。其多年来常用的、印在名片上的电话号码，在案发前一直正常使用，从未停机，但没有收到办案机关的任何短信或电话通知，也没有更换过常住地址，被抓获时也在该地址。

（二）张三父子没有故意欺骗的事实

根据《股权转让协议》的约定，张三父子一方确有如实向A公司披露债务的义务，他们第一次提交作为协议附件三的债务清单，也未全面反映公司包括或有债务在内的负债状况，客观上存在违约之处，但是该违约并不构成刑法意义上的欺骗，理由如下：第一，在张三父子股权价值及负债情况并不确定、尽职调查未完成的情况下，A 公司已经同意以 1.5 亿元的固定价格签约，并明确股权交割日前后债务各自承担等条件，说明张三父子公司的负债情况并非影响 A 公司签约的因素，A 公司并非被张三父子欺骗而同意签约。第二，本案股权收购工作复杂，交易双方同意于 2013 年 4 月 3 日先签订《股权转让协议》，但落款时间空白，关于《债务清单》等协议的五个附件是可日后再补充确认的。这充分说明签约时债务清单未确定，双方对当时尚未披露的债务并无异议，A 公司对此知悉并接受。第三，《股权转让协议》明确约定交易前后的债务各自承担，也进一步约定“如转让方陈述不实，无论是故意还是过失，超出负债清单的任何债务仍由转让方承担”。说明该股权交易模式下，交易前全部债务均由张三父子承担，双方对可能存在债务披露不完整等风险均已有预判，并已商定详尽的责任承担原则和解决方式，不存在欺骗与被欺骗的情形。

综上所述，本案张三父子既没有故意隐瞒和欺骗，也没有非法取得和占有财产，更没有变卖资产逃匿以及非法占有的故意，其行为显然不符合合同诈骗罪的构成要件，案件的定性属于典型的民事经济纠纷，不是刑事案件范畴。张三父子与 A 公司之间发生的债务问题应当另行通过民事法律途径解决。

“两头骗”行为如何认定犯罪数额

刘建党 钟 文*

【主旨提要】

行为人以租用的机动车作抵押，通过签订借款协议等方式向他人借款，其行为构成合同诈骗罪，且应当以案发时实际借款金额作为犯罪数额。

【基本案情】

1. 为借钱赌博，2020年7月21日，被告人钟某叫罗某威到韶关“一某租车”公司租了一辆小汽车（价值188580元），交纳了保证金6000元。钟某与曾某鑫商议后，伪造了姓名为梁某杰的假身份证，并以梁某杰这个假身份证伪造了该车行驶证、机动车登记证书。2020年8月2日，曾某鑫假冒为梁某杰与钟某以该车抵押借款的方式骗得何某强115800元（约定借款120000元，已扣利息4200元）。经重审另查明：2020年12月9日，“阿威”代钟某支付人民币4000元给何某强。

2. 2020年7月14日，被告人钟某在广州“一某租车”公司租得一辆轿车（价值165600元）用于驾驶。后为借钱赌博，被告人徐某福与钟某合谋将这辆车抵押套现借120000元。钟某找人伪造了该车行驶证、机动车登记证书。2020年8月7日，徐某福以该车抵押借款的方式骗得何某强144000元（约定借款150000元，已扣第1个月利息6000元）。徐某福骗得该款后，告知钟某该车抵押借款120000元。一段时间后，徐某福才告知钟某该车实际抵押借款150000元。后徐某福、钟某又支付了利息8200元给何某强。

* 刘建党、钟文，广东格林律师事务所律师。

3. 为借钱赌博，被告人钟某与徐某福合谋后，于2020年9月25日一起到韶关“神某租车”公司，以钟某名义租得一辆轿车（价值114400元），交纳了押金5000元。后钟某找人伪造了该车行驶证、机动车登记证书。同日，徐某福找到黄某和，以该车抵押借款的方式骗得黄某和58200元（约定借款60000元，已扣利息1800元）。

4. 为借钱赌博，被告人钟某与徐某福合谋后，于2020年9月30日一起到韶关维某汽车租赁有限公司，由徐某福租得一辆汽车（价值130000元），交纳了保证金3000元。后钟某找人伪造了该车行驶证、机动车登记证书。2020年10月1日，钟某以该车抵押借款的方式骗得黄某和57600元（约定借款60000元，已扣利息2400元）。

5. 为借钱赌博，被告人钟某、徐某福合谋后，于2020年10月5日由徐某福到韶关乐某汽车服务有限公司租得一辆轿车（价值69500元）。后钟某找人伪造了梁某杰身份证及该车行驶证、机动车登记证书。2020年10月7日，钟某与华某和找到黄某和，由华某和冒充梁某杰，以该车抵押借款的方式骗得黄某和48000元（约定借款50000元，已付利息2000元）。

2020年10月8日，韶关“神某租车”公司员工在黄某和处找到涉案的轿车后，黄某和发现该车的行驶证、机动车登记证书涉嫌伪造而报警。当日，公安机关将钟某、徐某福抓获归案。

2021年5月7日，一审法院判决认定：被告人钟某共参与诈骗5次，骗得金额合计人民币597120（182580+108640+109400+127000+69500）元。被告人徐某福共参与诈骗4次，骗取金额合计441700（27160+108640+109400+127000+69500）元。被告人钟某、徐某福无视国家法律，多次以非法占有为目的，在签订、履行合同过程中，骗取被害人财物，数额巨大，其行为均已构成合同诈骗罪，依法应予惩处。依照《刑法》第224条、第25条第1款、第67条第2款、第52条、第53条、第64条及《刑事诉讼法》第15条之规定，判决：钟某犯合同诈骗罪，判处有期徒刑5年，并处罚金人民币60000元。被告人徐某福犯合同诈骗罪，判处有期徒刑3年10个月，并处罚金人民币40000元。

一审宣判后，被告人钟某、徐某福均提出上诉。

2021 年 8 月 13 日，法院二审裁定认为：原判认定部分事实不清、证据不足，依照《刑事诉讼法》第 235 条第 2 款第 3 项之规定，裁定撤销一审刑事判决，发回重审。

2021 年 11 月 12 日，重审法院经过重审后认定：被告人钟某共参与诈骗 5 次，骗得金额合计人民币 385400 元（115800 元+105800 元+58200 元+57600 元+48000 元）。被告人徐某福共参与诈骗 4 次，骗取金额合计 299600 元（135800 元+58200 元+57600 元+48000 元）。被告人钟某、徐某福无视国家法律，多次以非法占有为目的，在签订、履行合同过程中，骗取被害人财物，数额巨大，其行为均已构成合同诈骗罪，依法应予惩处。依照《刑法》第 224 条，第 25 条第 1 款，第 26 条第 1 款、第 3 款，第 67 条第 3 款，第 52 条，第 53 条，第 64 条及《刑事诉讼法》第 15 条之规定，判决：被告人钟某犯合同诈骗罪，判处有期徒刑 4 年，并处罚金人民币 40000 元。被告人徐某福犯合同诈骗罪，判处有期徒刑 3 年，并处罚金人民币 30000 元。

重审宣判后，被告人钟某、徐某福均未在法定期限内提出上诉，公诉机关亦未提出抗诉，本案重审判决已经发生法律效力。

【争议焦点】

1. “借款合同”是否属于合同诈骗罪中的合同类型？

2. “两头骗”案件中的最终被害人是租车公司还是资金出借人？诈骗数额如何认定？

【案例评析】

（一）被告人通过借款合同的形式骗取他人财物的，是否构成合同诈骗罪

本案中，两被告人是通过和被害人签订借款协议或者借款合同的形式骗取被害人出借的款项，而理论上对借款合同能否属于合同诈骗罪中的合同类型存在重大争议。最初无论是理论界还是司法实践中，均认为借款合同不属

于合同诈骗罪中的“合同”类型。后有观点认为，在与经济目的相关联的借款合同的签订、履行过程中，如果借款人实施了《刑法》第224条的行为，则可构成合同诈骗罪。[①] 司法实践中也逐渐将某些通过借款合同骗取出借人资金的行为纳入合同诈骗罪的打击范围。

就本案而言，两被告人多次利用租来的车辆作为抵押物，并通过和被害人签订借款合同、借款协议的方式骗取何某强、黄某和出借的资金，其行为无疑符合我国《刑法》第224条第2项的规定，属于“以伪造、变造、作废的票据或者其他虚假的产权证明作担保的”类型，司法机关以合同诈骗罪来追究两被告人的刑事责任并无不当。

之所以司法实践中较少将借款合同作为合同诈骗罪中的合同类型，最主要的原因在于难以认定行为人在借款合同的签订、履行过程中主观上具有非法占有出借人资金的目的。在本案中，由于两被告人在不到3个月的时间内多次以租车后伪造机动车相关证件并将所租赁的车辆押在出借人处的手段骗取两名出借人的资金，且两被告人直到一审宣判时也并未实际还清借款，从而足以认定两被告人主观上有非法占有他人财物的目的。

另外，就“两头骗”案件而言，如果出借人系金融机构且实际遭受损失的也是金融机构，则行为人的行为实际上是以非法占有为目的，使用虚假的产权证明作担保，诈骗银行或者其他金融机构的贷款，其行为符合我国《刑法》第193条第4项的规定，应当定性为贷款诈骗罪而非合同诈骗罪。[②] 退一步讲，即使客观证据不足以证实行为人主观有非法占有金融机构贷款的目的，其行为也可能构成骗取贷款罪。也就是说，根据出借方的性质不同，应当对“两头骗”类案件具体分析、准确定性。

（二）在“两头骗”案件中，如何确定犯罪数额

在本案中，一方面，被告人欺骗了租车公司，其根本不是出于驾驶使用

---

① 王军、刘西川：《自然人借款协议应有条件视为合同诈骗罪之“合同”》，载《青海检察》2009年第3期。

② 朱纪玲：《“担保贷款两头骗”司法争议问题研究——以2014—2018年的裁判案例为研究样本》，载《安徽警官职业学院学报》2020年第1期。

的目的而租用车辆，其目的是将租赁来的车辆用于借款抵押；另一方面，被告人又欺骗了出借人，其通过伪造行驶证、机动车登记证书等材料的形式将其无权用于抵押的他人车辆用于向出借人抵押借款。理论上通常将这种行为称为“双重诈骗”或者“两头骗”。

从本案的审理过程来看，争议最大的地方在于涉案诈骗金额的认定：一审法院认定被告人钟某的合同诈骗金额为597120元，本案被发回重审后，法院认定被告人钟某的合同诈骗金额为385400元。之所以两次审判认定的诈骗金额不同，就在于一审和重审时法院对于涉案金额的认定标准不同。那么，对于类似于本案这种租车抵押借款“两头骗”的情形，该如何确定犯罪数额呢？

第一种观点认为，应当以车辆价值和被告人支付的租金的差额作为犯罪数额，其理由是应当从重处罚“两头骗”行为，而车辆价值明显大于行为人借到的资金，因此应当以车辆价值和被告人支付的租金的差额作为涉案金额。这也是本案一审时法院认定两被告人合同诈骗金额的主要逻辑。

第二种观点认为，应当以案发时被告人借款金额和被告人支付的利息的差额作为犯罪数额，这是本案重审时法院认定两被告人合同诈骗金额的标准。

对于上述观点，笔者认为，两种观点均有一定的合理性，但对于第一种观点而言，这明显会导致量刑过重的结果，对被告人过于苛责，而第二种观点虽然适用于本案情形，但在租车抵押借款“两头骗”案件中更重要的是认定具体案件中的实际损失承担者。笔者认为，应当根据具体案件中实际损失承担者的不同来认定“两头骗”情形下被告人的犯罪数额，主要理由是：虽然被告人的行为既欺骗了租车公司，又欺骗了出借人，但通常只有一方遭受实际经济损失，而实际遭受损失一方才是“两头骗”类案件中最终的被害人。在处理此类案件时，应当准确认定涉案损失的实际承担者，从而确定最终的被害人并以被害人实际遭受的损失作为被告人合同诈骗的犯罪数额。这也是司法实践中对于“两头骗”案件的涉案金额作出不同认定的根本原因。

在本案中，由于案发后，各租车公司均已收回所出租的涉案车辆，且各租车公司并未遭受租金方面的损失，因此租车公司实际上并非本案的真正被害人。而出借人何某强、黄某和在案发时并未收回全部借款，因此他们才是本案的最终被害人。相应地，法院在审判时就应当以何某强、黄某和在案发时实际遭受的经济损失作为被告人钟某、徐某福合同诈骗的犯罪数额。由于法院在一审时并未依据上述标准来认定两被告人合同诈骗的犯罪数额，导致量刑过重，这是引发两被告人上诉及本案被二审法院裁定撤销原判发回重审的根本原因。

另外，《最高人民法院关于审理诈骗案件具体应用法律的若干问题的解释》中明确规定："利用经济合同进行诈骗的，诈骗数额应当以行为人实际取得数额认定，合同标的额可以作为量刑情节予以考虑。"虽然上述司法解释已经失效，但以行为人实际取得的数额作为诈骗数额的观点在司法实践中得以承继下来。在本案中，由于被害人何某强、黄某和在向被告人出借资金时均事先收取了部分利息（俗称"砍头息"），从而被告人实际骗取的金额小于名义上的借款金额，因此在认定犯罪数额时，首先应当确定具体案件的受害人，然后以案发时被害人实际遭受的损失作为认定标准，即被告人合同诈骗的金额=被害人名义出借金额-截至案发时被害人收取的利息总额。本案重审时，法院依照上述标准认定二被告人的合同诈骗金额无疑是符合事实和法律规定的，从而得到了服判息诉的良好法律效果和社会效果。

假用他人信用卡套现行为被判不构成信用卡诈骗罪的辩护要点

——王某涉嫌信用卡诈骗、职务侵占罪案评析

刘映旺　刘　阳*

【主旨提要】

被告人王某，因涉嫌信用卡诈骗、职务侵占罪，被一审法院判处有期徒刑9年并处罚金。辩护律师介入本案后，前后比对被告人、受害人、证人等多份笔录，发现其中有诸多相互矛盾之处，不能反映客观事实，认为仅凭现有证据无法证实王某的犯罪故意与犯罪行为，并据此形成辩护观点。本案历经二审、一审（发回重审），最终在信用卡诈骗的罪名上成功出罪，使被告人刑期大幅减少。

【基本案情】

被告人王某是广州某科技公司销售总监，主管公司销售业务，与公司老板陈某亦是多年好友。2017年3月，王某在陈某处获得招商银行及广州农村商业银行信用卡各一张，通过商铺、POS机套现449975.6元至其个人银行账户；2016年11月，其借故从公司财务支出客户货款477000元，并在同日截留客户向公司支付的货款132084元，未向公司入账。此外，王某在主管销售业务期间，曾截留客户货款25455.3元，并将公司已入账的两张支票取回，面值共计134668元。

2017年12月，公司老板陈某到公安机关报案。

---

* 刘映旺、刘阳，广东世港律师事务所律师。

2018 年 1 月，王某主动到公安机关投案，次日被侦查机关以涉嫌信用卡诈骗、职务侵占罪刑事拘留，2018 年 9 月，公诉机关对其提起公诉。

2019 年 10 月 31 日，法院对该案作出一审判决，判处王某有期徒刑 9 年，并处罚金 20 万元。

王某不服一审判决，提起上诉。辩护人依法接受委托，介入本案，向法庭提交开庭审理申请书及证据材料，并指出一审判决定案证据中有许多不合理之处。

2020 年 7 月，二审法院裁定撤销原判，发回重审。

【办案过程】

（一）控方意见

公诉机关指控：王某于 2017 年 3 月通过虚构支付装修材料款的事实，骗取该公司老板陈某信用卡两张，先后盗刷人民币 40 多万元，成立信用卡诈骗罪；同时在 2016 年至 2017 年间，王某利用市场总监的职务便利，侵吞公司货款共计人民币 60 多万元，并且虚构客户需要重开发票的事实，将公司已收回的 13 万元支票据为已有，成立职务侵占罪。

（二）辩护人意见

1. 辩护人观点

（1）原审法院遗漏重要证据，对基本事实查明不清，未发现证人证言相互矛盾及与客观事实不符之处。

（2）现有证据不能证明王某具有信用卡诈骗罪的客观行为及主观犯罪故意。

（3）王某的行为并未侵犯信用卡诈骗罪所保护的法益。

（4）陈某经营公司时财务混同，其与王某之间属于私人借贷，并且二人已经对债权债务进行了确认，王某并无职务侵占的行为。

（5）排除陈某与王某的个人借款后，剩余金额未达到职务侵占罪的起刑点。

为此，辩护人在二审及一审（发回重审）中均采用无罪辩护的辩护意见。

2. 辩护理由

辩护律师团队在接受委托后，第一时间向法院调取了卷宗，并会见了被告人王某，通过分析案情，认为该案在定罪与量刑上存在如下争议：

（1）原审法院遗漏查明事实的重要证据，据以查明认定王某构成犯罪的证据（证人证言、书证）存在重大瑕疵，例如：王某系该公司的销售总监，并不负责装修工程，也不知晓装修的具体事宜，公司老板陈某在笔录中称王某系以购买装修材料为借口向其骗取信用卡套现一事，与客观事实不符，故一审法院认定王某构成犯罪的依据不足。

（2）在法律适用上，因为遗漏证据、事实不清等原因，原审公诉机关和原审判决对被告人的行为定性错误，例如：王某在主观上没有盗刷信用卡的主观故意，在客观上也没有骗取信用卡的行为（其与陈某是多年好友，一直知晓其信用卡密码，也曾多次按陈某的指示进行套现），其并不存在信用卡诈骗罪的犯罪构成要件。

（3）王某虽然用陈某的信用卡进行套现，但该行为得到了陈某的授权，从根本上来讲没有侵犯或破坏信用卡管理制度，持卡人也如期清偿了两张信用卡的消费金额，并未使银行产生实际损失，王某与陈某也通过协议的方式确定了债权债务关系，其并没有侵犯信用卡诈骗罪所保护的法益。

（三）法院判决

2021 年 3 月 18 日，重审法院对该案作出判决：1. 王某犯职务侵占罪，判处有期徒刑 3 年 10 个月；2. 责令被告人王某退赔被害单位人民币 120 万元。

【争议焦点】

本案的现有证据是否足以证实王某构成信用卡诈骗及职务侵占罪。

【案例评析】

本案中，王某自被刑事拘留，到二审法院裁定发回重审，再到重审作出一审判决，历经3年有余，最终刑期从9年改判3年10个月，有效辩护的关键在于信用卡诈骗罪的否定。对此，辩护律师作评析如下：

根据《刑法》第196条规定，信用卡诈骗罪包括以下四种情形：1. 使用伪造的信用卡，或者使用以虚假的身份证明骗领的信用卡的；2. 使用作废的信用卡的；3. 冒用他人信用卡的；4. 恶意透支的。

本案中，公诉机关指控王某捏造需要支付装修工程款项的事由骗取公司老板陈某的信用卡，先后盗刷40多万元，成立信用卡诈骗罪。从形式上来看，王某的行为符合《刑法》第196条第3款的规定，但实质上是否属于“冒用”，仍需要依照相关司法解释及案件事实加以认定。

根据《最高人民法院、最高人民检察院关于办理妨害信用卡管理刑事案件具体应用法律若干问题的解释》第5条第2款的规定，“冒用他人信用卡”，包括以下情形：1. 拾得他人信用卡并使用的；2. 骗取他人信用卡并使用的；3. 窃取、收买、骗取或者以其他非法方式获取他人信用卡信息资料，并通过互联网、通讯终端等使用的；4. 其他冒用他人信用卡的情形。

从本案的事实来看，能证明王某有骗取他人信用卡的行为仅有公司老板陈某的被害人陈述，而辩护人通过阅读卷宗，发现了几个矛盾之处：第一，王某系公司销售总监，不负责公司装修工程，也没有任何实物证据证明王某与装修工程有关；第二，该装修工程已于王某借陈某信用卡之前完工并投入使用，无须再次购买装修材料；第三，辩护人通过查证后发现，该工程实际总造价不过十几万元，陈某作为公司老板不可能不知情，更不会借出40万元的“装修”款项。

从《刑法》第196条的立法目的来看，其所保护的法益有一部分是信用卡的管理制度，现实中存在大量利用信用卡套现的行为，该行为是否属于“恶意透支”，应当从刷卡时的主观目的判定，《刑法》及相关司法解释对此有明确规定，所称恶意透支，是指持卡人以非法占有为目的，超过规定限额或者规定期限透支，并且经发卡银行两次有效催收后超过3个月仍不归还的行为。本案中，王某利用信用卡套现的行为是否属于盗刷，应当考虑有没有侵犯该条款所保护的法益。从事实上看，王某刷信用卡的行为来源于陈某授权，从根本上来讲未侵犯和破坏信用卡管理制度；并且，持卡人也如期清偿了两张信用卡的消费金额，银行并没有遭受实际损失。王某与陈某随后达成了债权债务关系，属于民事领域调整的范畴，故无须用刑法对该行为进行再度评价。

二、非法集资类刑事犯罪辩护案例

虚拟货币非法集资由主犯降格定性为从犯的辩护思路

——潘某非法吸收公众存款案评析

孙裕广*

【主旨提要】

依托虚拟货币开展非法集资活动是新型犯罪，多从域外流入，域外实际控制人通过在国内发展代理，辐射集资范围。主犯可能身处境外而未到案，对于国内被追诉的代理人员，应以整体犯罪事实所起作用为标准，综合考虑全案证据。如现有证据能证明行为人是从犯或不能证明是主犯的，应认定为从犯，并从轻、减轻或者免除处罚。对于均应认定为从犯的共同犯罪成员，应深究背后层级架构和管理关系，以犯意提起、参与程度、组织分工、赃款流向综合认定各自作用大小，不能流于表面。

涉案数额是集资犯罪的辩护重点，若已获取相关银行流水，辩护人应把握“证据相互印证”与“刑法谦抑性”两个原则，以银行流水、犯罪嫌疑人供述、被害人陈述等证据可相互印证的数额进行梳理，将与本案无关的金额、犯罪嫌疑人的合法收入等予以剔除，防止司法机关片面“一刀切”。

【基本案情】

（一）案件事实

2018 年，凌某向潘某推荐 FRD 投资项目，并发展潘某为其下线。随后，二人在没有取得有关部门批准的情况下，在潘某经营的两家公司及有关酒店

* 孙裕广，广州市律师协会经济犯罪刑事法律专业委员会委员、广东法丞汇俊律师事务所合伙人。

等场地，以宣讲会、分享会等公开宣传形式，宣传 FRD 投资项目，以高额回报为诱惑，向社会公众吸收资金。

凌某负责在现场宣讲，并实际收取吸收的资金；潘某负责发展集资参与人，并将收取的资金汇入凌某指定的账户。截至案发，凌某、潘某等人非法吸收公众存款人民币 720 万元。

（二）处理过程

1. 综合全案证据还原事实全貌，使潘某由主犯变为从犯

公安机关在《起诉意见书》中认定潘某涉案情况为：潘某与凌某以潘某经营的公司为依托，对外推广 FRD 理财项目，潘某负责利用生意上的人脉吸收客户投资项目，凌某负责培训活动，二人非法吸收资金 2800 余万元。其中潘某为主犯，作用较凌某更大，列为第一嫌疑人。

审查起诉阶段，辩护人细致阅卷后发现本案证据链存在的矛盾与漏洞。潘某公司员工的言词证据均称 FRD 是凌某向潘某引进的，凌某是 FRD 项目广州地区总负责人，且潘某及公司人员均不参与任何公开宣传活动；另案处理的被告人冯某的言词证据反映凌某的下线情况，其中潘某属于其四级下线，凌某也负责对外发展客户。辩护人通过投资款流向情况，发现非法吸收的资金均流向凌某所控制的账户。辩护人综合全面证据认为公安机关认定的犯罪事实不全面，本案可能另有隐情。

经与潘某会见核实后，辩护人向检察院提交潘某应定性为从犯的法律意见书，在其中还原了事实全貌。承办检察官最终采纳所有辩护意见，在《起诉意见书》中明确潘某在本案起次要作用，系从犯。

2. 梳理当事人在共同犯罪的地位、作用，在审查起诉阶段降为第二被告人

在案证据情况显示被害人均称是潘某向其推荐 FRD 平台进行投资的，部分投资者并不认识凌某，凌某仅是宣讲的老师，而讲座场所是潘某经营的公司。从证据表面上看，对潘某非常不利，辩护难度较大。

辩护人通过深入阅卷、多次与潘某会见确认事实，实际上凌某为项目的总负责人、最初引入者，贯穿提供投资端口、发展下线等销售人员、组织公开宣讲活动、最终占有集资款等集资全过程。凌某利用潘某的客户资源，潘

某仅起介绍作用，未控制任何集资款，实际上其仅是一名销售人员。凌某公开宣传的场地有很多，潘某的公司仅是其中之一，且潘某亦从未参与宣讲活动的任何工作。

对此，辩护人严格依照事实向检察院提交潘某应调整为第二被告人的法律意见书。承办检察官最终采纳所有辩护意见，在《起诉意见书》中将潘某列为第二被告人。

3. 对犯罪数额进行有效质证，减少犯罪金额 2000 余万元

在侦查阶段，公安机关在《起诉意见书》中反映潘某涉案资金高达 2800 余万元。

在审查起诉阶段，辩护人结合投资者陈述及提供相关的证据情况、银行流水明细等证据对犯罪数额进行梳理、质证，统计得出潘某涉案数额仅 804 万元，公安机关的数额明显与事实不符。

后辩护人将数额质证情况以书面形式向检察院说明。检察院采纳了辩护意见，并在《起诉意见书》的指控事实中予以更正。在审判阶段就涉案数额进一步与法官沟通，最终法官采纳辩护意见，认定涉案金额为 720 万元。

4. 侦查阶段预估可能判处 7 年有期徒刑，经有效辩护最终获判 1 年 10 个月

侦查阶段，公安机关认定潘某系本案主犯，涉案金额数额巨大，可能判处 7 年有期徒刑。

在审查起诉阶段，辩护人通过阅卷、质证、提交法律意见，积极与承办检察官沟通，还原案件事实，在审查起诉阶段成功辩护从犯地位、大额减少犯罪金额，在没有退赃的情况下，使检察院采纳全部辩护意见，对潘某作出 2 年有期徒刑的量刑建议。

一审阶段，辩护人进一步降低涉案数额，并向法院提交被害人的谅解书，除了从犯、认罪认罚、坦白、初犯等从宽情节，还为当事人争取到获得被害人谅解的情节，最终法院采纳辩护人的辩护意见，在量刑建议的基础上给予潘某更大幅度从宽处理，对其判处有期徒刑 1 年 10 个月。

（三）裁判结果与理由

1. 判决结果

被告人潘某犯非法吸收公众存款罪，判处有期徒刑1年10个月，并处罚金人民币5万元。

2. 判决理由

被告人潘某无视国家法律，伙同同案人变相吸收公众存款，扰乱金融秩序，数额巨大，其行为均已构成非法吸收公众存款罪。公诉机关指控的罪名成立，本院予以支持；唯指控的犯罪金额不当，本院予以纠正。本案发生于《刑法修正案（十一）》施行之前，依据从旧兼从轻原则，应当适用修正前的《刑法》对被告人潘某予以处罚，即为适用"处三年以上十年以下有期徒刑，并处五万元以上五十万元以下罚金"的量刑幅度。本案查明的量刑情节有：（1）被告人潘某是坦白，且认罪认罚，可以从轻处罚；（2）被告人潘某在共同犯罪中起次要作用，是从犯，应当从轻、减轻或者免除处罚；（3）被告人潘某取得部分集资参与人的谅解，可以酌情予以考虑。综合上述法定刑幅度以及法定、酌定的量刑情节，本院决定对被告人潘某减轻处罚。

【争议焦点】

1. 主犯未到案的情况下，如何界定涉案当事人的主从犯角色？
2. 非法集资共同犯罪中，从哪些方面判断涉案当事人的作用？
3. 如何认定涉案当事人的犯罪数额？

【案例评析】

虚拟货币非法集资犯罪作为新型犯罪，辩护人对新型犯罪的深入研究，对证据进行了有效分析、质证，是本案取得大幅度减轻的关键。

本案中，FRD是一个域外虚拟股币投资平台，集资参与人通过充值会员账户的方式投资股币，后股币经过多次拆分可以产生高额收益，平台也会收取投资者10%的收益作为手续费，如投资参与人投资7万元，经过2年7次拆分可实现提现1079318元。该类依托虚拟货币开展的非法集资活动是新型犯罪，多从域外流入，域外实际控制人通过在国内发展代理，依托代理辐射集资范围。基于此，本案凌某实为代理身份，并发展潘某为下线，在无法抓获域外主犯的情况下，亦不能影响二人作为代理，应属从犯的定性，从犯罪地位上明确潘某系从犯，且作用更小于凌某，应获更大幅度从宽处理。

另外，在涉案数额方面，由于该虚拟货币价值难以确定，投资规则由域外犯罪团伙制定，投资款项部分通过直接充值入平台，部分通过代理代为转入，存在多种充值形式，而鉴于平台数据均由域外行为人所掌控，司法机关难以调取，无法全面筛选数据以确定代理人的涉案数额。故辩护人以存疑有利于被告人原则，以被害人的言词证据、银行流水等在案证据相互印证部分作为犯罪数额的依据展开辩护，既符合证据确实充分的要求，也符合刑法保障人权的基本原则，司法机关均认同辩护人的观点，对本案予以谨慎处理，对潘某涉案金额的认定由2800余万元降至720万元。

通过律师辩护，潘某由侦查阶段的“主犯，涉案金额2800余万元，可能判处7年有期徒刑”，审查起诉阶段的“从犯，涉案金额804万元，检察院作出2年有期徒刑的量刑建议”，最终变为一审阶段的“从犯，涉案金额720万元，法院判处有期徒刑1年10个月”，辩护效果明显，最大限度维护当事人的合法权益。

财务人员是否构成共犯不能一概而论

——余某涉嫌非法吸收公众存款被不起诉案评析

陈维崧*

【主旨提要】

涉互联网金融犯罪案件多以单位形式组织实施，涉案人员在单位的作用不尽相同，很有必要区别对待、分类处理。

本案中，余某虽为公司财务总监，但辩护律师根据其在公司的作用，认为其不属于单位直接负责的主管人员和其他直接负责人，根据非法吸收公众存款罪的规定，无须处以刑罚。最终，余某被检察院作出不起诉的决定。

作为辩护律师，在办理财务人员涉嫌非法集资刑事案件过程中，应认真研究追究刑事责任的范围，准确把握共犯的成立范围，并根据财务人员的专业背景、职业经历等因素判断其是否有犯罪故意，结合财务人员的客观行为及其职务、地位、作用等情况，综合分析其应否承担刑事责任。

【基本案情】

余某为某国际互联网金融服务（深圳）有限公司财务总监。

公安机关认定的事实：某国际互联网金融服务（深圳）有限公司自2016年6月在网上开通“某贷”P2P网络借贷平台，其运作模式是某国际互联网金融服务（深圳）有限公司通过某融资租赁有限公司、某汽车服务有限公司在线下跟借款人（即车辆抵押人）签署抵押借款协议。协议签署后，通过将该汽车抵押债务作为标的形式转到某国际互联网金融服务（深圳）有限公司

---

* 陈维崧，广东红棉律师事务所主任、专职律师。

的“某贷”平台网站上发标，然后通过平台让投资人在网上投标。投资者投标的具体过程是先在“某贷”平台注册，开通账户，同时匹配新某平台支付账户，投资人先充值到自己的账户，然后根据该公司发布的标的进行投标，投标后的钱先流转到某国际互联网金融服务（深圳）有限公司的“某贷”平台匹配的新某支付账户上，最后该新某支付账户收到投标者的钱都会转到员工陈某的账户上，然后供某国际互联网金融服务（深圳）有限公司使用。经初步核算，网络非法吸收不特定投资人资金流水总额5270464.55元，扣除其公司内部员工流水金额3706863.2元后，涉案非法吸收公众存款额达人民币1563601.35元。

公安机关认为余某等人涉嫌非法吸收公众存款罪。

【办案过程】

（一）辩护意见

1. 主观上，余某没有非法吸收公众存款的故意。余某虽身为财务总监，但其经手投资人钱款并还本付息等行为，均是履行职务行为。

公司运营分为线下和线上两个部分，线下部分是联系客户、办理借款人车辆质押合同、放款及回款的业务，线上部分是“某贷”网络P2P平台运营，发布借款标。公司的经营模式是先通过陈某签署抵押贷款合同，之后定期汇总到公司，再由公司签注。陈某是公司指定放款人，都是通过陈某的账户给借款人放款，“某贷”网络P2P平台回流的资金也是汇总到陈某的账户上。财务部负责借款标到期之后，将投资本金和利息通过新某平台第三方支付的方式归还至投资人的平台账户上。

余某于2015年11月入职，之前在某物流公司做会计。游某2与陈某的供述可以证实，在余某到公司接手财务工作之前，这种用陈某银行卡账户收取投资人钱款的经营模式，公司老板游某1就已经决定并组织实施了。

余某作为财务总监，未参与公司经营模式的讨论、决定，其之前也没有受到过任何刑事、行政处罚。余某将投资本金和利息归还至投资人的平台账户上，是履行职责，不是余某的个人行为，余某主观上并没有与游某1等人吸收公众存款的共同故意。

2. 客观上，余某从事财务工作，其工作职责范围与直接从事吸收资金的业务工作存在明显区别，其行为不具备非法吸收公众存款罪的特征。

公司市场部负责车贷质押业务，线下开拓需要借款的客户。而余某作为财务人员，按公司确定的经营模式，根据陈某与借款人签订的《抵押贷款合同》办理发放贷款，根据“某贷”网络 P2P 平台给投资人还本付息，是受公司指派处理相关的钱款。

根据《刑法》第 176 条及《最高人民法院关于审理非法集资刑事案件具体应用法律若干问题的解释》第 1 条的规定，同时具备下列四个条件，向社会公众吸收资金的，是非法吸收公众存款或变相非法吸收公众存款：（1）未经有关部门依法许可或者借用合法经营的形式吸收资金；（2）通过网络、媒体、推介会、传单、手机信息等途径向社会公开宣传；（3）承诺在一定期限内以货币、实物、股权等方式还本付息或给付回报；（4）向社会公众即社会不特定对象吸收资金。

而本案中，余某只是处理相关财务，并未实施向他人公开宣传、承诺在一定期限内还本付息或给付回报的行为。余某个人没有决定、批准、指挥非法吸收公众存款的资格、职责，不是直接负责的主管人员，也不是其他直接负责人。因此，余某的行为不具备非法吸收公众存款罪的特征。

3. 余某仅是每月按劳动合同领取固定工资，其没有佣金或提成，更没有分红。余某每月固定工资 10000 元，这是其付出真实的劳动后获得的报酬，其没有从非法吸收公众存款的行为中获取好处费、返点费、佣金、提成等费用，更没有从中获取分红等回报。

4. “某贷”网络 P2P 平台主要向社会特定的对象吸收资金，大部分是公司员工及亲戚投的标。

5. “某贷”网络 P2P 平台从 2016 年 6 月开始真正上线运营，至 9 月案发，案发之前均能按时偿还投资者的本金和利息，并未拖欠投资者的钱款。

6. 根据《最高人民法院关于审理非法集资刑事案件具体应用法律若干问题的解释》第 6 条第 2 款“非法吸收或者变相吸收公众存款，主要用于正常的生产经营活动，能够在提起公诉前清退所吸收资金，可以免予刑事处罚；情节显著轻微危害不大的，不作为犯罪处理”的规定，案发后公司已清退所吸收资金，余某可以免予刑事处罚。

综上，余某的行为不构成非法吸收公众存款罪。退一步讲，即使余某的行为构成犯罪，其犯罪情节显著轻微，可以免予刑事处罚。

（二）裁判结果

检察院认为，余某实施了非法吸收公众存款的行为，但鉴于其在犯罪中起次要作用，犯罪情节轻微，不需要判处刑罚，作出对余某不起诉的决定。

【争议焦点】

余某是否实施了非法吸收公众存款的犯罪行为。

【案例评析】

财务负责人全面负责公司的财务管理、会计核算等工作。对于财务负责人是否属于单位犯罪中的直接责任人员，应当以其在单位非法集资犯罪意志形成、单位非法集资犯罪行为实施过程中的实际行为及其作用作为判断的事实基础，而不能仅仅以其在公司经营管理中的职权为认定依据，更不能单纯以头衔、职务等形式特征作为认定依据。

结合本案来看，余某虽名为公司财务总监，但其不是单位直接负责的主管人员，也不是直接责任人员，没有从公司运营中收取代理费、好处费等费用。余某在共同犯罪中仅起一定的辅助作用，犯罪情节轻微，因此，对余某无须处以刑罚。

一件非法吸收公众存款案件的有效辩护

杨振国*

【主旨提要】

非法吸收公众存款罪中，以吸收公众存款为目的而设立公司，则应认定为自然人犯罪，非以进行违法犯罪活动为目的而设立，在经营过程中才进行吸收公众存款的，则应认定为单位犯罪。不能因自然人是法定代表人而直接认定在本案吸收公众存款的行为中，是直接的主管人员与负责人，并以此进行定罪量刑。对于不属于非法吸收对象所涉及的投资金额及合同未实际履行金额，不应作为涉案金额计算。非法吸收或者变相吸收公众存款，主要用于正常的生产经营活动的，反映出行为人主观恶性较小，属于从轻情节。此类案件涉及大量数据资料，需要进行司法会计鉴定，因此对数据资料和司法会计鉴定意见进行有效质证，对案件有效辩护有重要意义。

【基本案情】

广州某某影业集团有限公司（以下简称某某影业）及广东某某投资有限公司（以下简称某某投资）住所地相同且法定代表人均为被告人李某。上述两公司在2015年3月至2016年4月，通过网络平台、微信公众号、微博等渠道向社会宣传公司电影众筹项目及转让股权，并承诺投资电影众筹可每七天获得投资本金的3%作为本息收益，介绍新投资者投资电影众筹可每七天获得新投资者投资本金的0.9%作为收益，购买某某影业股权可获得投资本金的18%的年利息，以此非法吸收公众存款。

* 杨振国，广东诺臣（白云）律师事务所律师。

在被告人李某、赵某某和张某等人的组织下，某某影业、某某投资与10414名投资者签订《某某影业集团委托投资协议书》等协议，非法吸收公众存款共计人民币1232420000元，并通过李某、张某和某某影业等银行账户收取上述款项，并将上述款项用于支付投资者本息、拍摄电影和公司的营运费用等。

由于上述两公司并非银行业金融机构、无吸收公众存款资格且未经中国人民银行批准，非法吸收公众存款且数额巨大，本案由广州市公安局侦查终结，以被告人李某、赵某某、张某涉嫌非法吸收公众存款，审查起诉经过两次退回补充侦查后，对李某、赵某某及张某以涉嫌非法吸收公众存款罪提起公诉。本案一审法院判决上述被告人构成非法吸收公众存款罪，判处有期徒刑及罚金。被告人赵某某不服一审判决，提起上诉。二审法院驳回上诉，维持原判。

【办案过程】

（一）辩护意见

1. 本案属于单位犯罪，而不是自然人犯罪。但《起诉书》没有将涉案公司列为被告，只起诉自然人，对被告人判决构成犯罪缺乏必要的法律逻辑前提，对刑事案件的审理和善后亦会产生影响。

2. 在《起诉书》指控事实中，对“2015年3月至2016年4月，在被告人李某、赵某某和张某等人的组织下，‘某某投资’与被害人雷某霞等8132名投资者签订《某某影业集团委托投资协议书》非法吸收公众存款共计人民币1070020000元，‘某某影业’与被害人胡某根等579名投资者签订《广东某某影业集团股权协议书》非法吸收公众存款共计人民币25914000元，总计人民币1095934000元”有异议，起诉指控缺乏证据支持，且对起诉书依据的鉴定意见有异议。鉴定意见书先于鉴定意见依据的检材出现，属于非法证据不能作为定案依据。

3. 涉案公司资金除了返还投资人和必要的开支外，主要用于影视制作项目或相关领域（对公司投资的项目和形成的资产进行罗列），特别是积极参与有项目投资的诉讼纠纷案件，涉案金额处在不确定的状态，依法可减轻或免除刑事处罚。

4. 被告人李某虽然是两家公司的法定代表人，但没有实际负责某某投资，每个月只是从公司领取固定工资，没有非法获益。

5. 被告人李某主动到案，应认定为自首。

6. 被告人李某无犯罪前科，是初犯、偶犯。

（二）一审法院裁判理由、结果

一审法院认为，被告人李某、赵某某、张某作为某某影业、某某投资直接负责的主管人员和直接责任人员，违反国家法律规定，未经国家有关监管部门批准，非法吸收公众存款，扰乱金融秩序，数额巨大，其行为均已构成非法吸收公众存款罪，依法应予惩处。李某犯罪以后能自动投案，如实供述自己的罪行，是自首，依法可以从轻处罚；赵某某、张某归案后能如实供述自己的罪行，依法可以从轻处罚。李某作为涉案两公司的法定代表人、董事长，在非法吸收公众存款共同犯罪中起决策作用，作用大于赵某某等人；张某入职晚于赵某某，所起作用稍次，均在量刑时予以体现。本案非法吸收的公众存款部分已经退还或获得股权分红，且存在以积分对冲合同金额的客观事实，涉案单位、被告人及相关人员的部分存款已被扣押、查封、冻结，一定程度上可以挽回非法集资参与人部分的损失，就此在量刑时予以酌情从轻处罚。

判决：被告李某、赵某某、张某犯非法吸收公众存款罪，分别判处有期徒刑6年2个月、6年、4年，罚金30万元、20万元、10万元。在案扣押、冻结涉案“某某影业”“某某投资”等与之相关的被告人账户内存款及孳息，按照各投资参与人的未归还本金部分比例发还；不足部分追缴涉案公司及各被告人违法所得退赔；仍不足部分追缴涉案公司及各被告人退赔。

（三）二审法院裁判理由、结果

原审法院认定事实清楚，证据确实、充分，适用法律正确，量刑适当，审判程序合法。上诉人赵某某及辩护人提出的上诉和辩护意见，据理不足，均不予采纳。判决驳回上诉，维持原判。

【争议焦点】

1. 本案是否为单位犯罪问题。
2. 本案犯罪金额的认定。
3. 关于涉案金额的去向问题。
4. 关于自首的认定。

【案例评析】

（一）本案辩护空间

在本案中，公诉机关以李某、赵某某、张某作为被告人，以涉嫌非法吸收公众存款罪提起公诉，并将签订了《某某影业集团股权协议书》等协议的10414名投资者作为受害人，将上述合同金额人民币1232420000元作为本案的犯罪金额提起公诉。对于本案是否为单位犯罪、受害人范围及涉案金额的认定、关于涉案金额的鉴定意见、集资款项的去向等问题存在辩护的空间。

首先，在认定非法吸收公众存款罪是自然人犯罪还是单位犯罪时，应当重点注意两点，其一是涉案公司的开设是否以进行违法活动为目的，其二是涉案公司成立后是否以吸收公众存款为主要业务。

其次，对于本案的涉案金额计算，不能仅根据合同约定和开具的收据金额计算，对于不属于非法吸收对象所涉及的投资金额及合同未实际履行金额，不应作为涉案金额计算。

在涉案数额方面，根据《刑法》第176条的规定，非法吸收公众存款的数额是入罪条件之一，其重要性不言而喻。《最高人民法院关于审理非法集资刑事案件具体应用法律若干问题的解释》第6条明确规定，非法吸收或者变相吸收公众存款的数额，以行为人所吸收的资金全额计算。案发前后已归还的数额，可以作为量刑情节酌情考虑。

辩护律师通过对涉案金额的鉴定意见进行充分审查质证，发现鉴定意见书先于鉴定意见依据的检材出现，属于非法证据不能作为定案依据。另外，对于可追回的剩余资金数额和部分资产性质认定存在不确定性。

结合预期投资收益及对其他投资项目所涉及资产及对已扣押、冻结资金进行明确的性质认定，由此确定可追回款项、资产的数额，进而计算投资人的实际损失程度，对案件量刑辩护亦具有重要作用。

（二）类案辩护思考

以承办案件为样本，结合相关法规和类似案例，笔者归纳了部分辩护观点。

1. 以单位犯罪着手辩护

集资类犯罪均是以公司名义进行，那么如何认定其是自然人犯罪还是单位犯罪成为律师首先应当考虑的问题。

2. 准确审查吸收资金数额

《刑法》第176条的规定，对涉案数额的辩护意见有重要价值。案发前后已归还的数额，可以作为量刑情节酌情考虑，这就需要辩护律师积极寻找对当事人有利的从轻情节。

3. 集资款项去向、用途是否正当

当行为人的行为确实涉嫌非法吸收公众存款时，辩护律师应当核实吸收资金的去向和用途是否正当。在案件承办中，应该积极参与与投资项目相关的诉讼案件，及时、准确掌握案件进展。

4. 积极辩护，充分质证，发现有利的量刑情节

通过对证据形成时间顺序，找出有利于被告人罪轻的情节，特别是对司法会计鉴定意见和鉴定材料有效质证。

从谭某非法吸收公众存款案看辩护技巧

钟剑锋*

【主旨提要】

谭某非法吸收公众存款案由于报案的受害人多达1177人，社会影响大，被羁押的被告人达40多名，司法机关处理非常慎重。最初公安机关以“集资诈骗罪”立案，辩护人认为该案谭某不存在非法占有的主观故意，不符合“集资诈骗罪”的构成要件，审查起诉以后，涉嫌罪名改为“非法吸收公众存款罪”。本案检察院开始时没有列公司为被告单位，辩护人认为本案属于单位犯罪，在第一次开庭以后，检察院追加公司为被告单位。关于谭某是否自首的问题，起诉书没有认定，辩护人根据和被告人沟通的情况，认为构成自首，经向侦查机关核实归案经过，最终合议庭采纳了被告人构成自首的辩护意见。办案机关对有利于被告人的细节可能会有遗漏，辩护律师对发现的对当事人有利的任何问题都应当坚持向办案机关提出来，不断沟通，争取最好的辩护结果。

【基本案情】

2013年7月，被告人林某鹏、谭某珍在深圳市成立某基金管理有限公司(以下简称基金公司)，以基金公司的名义，打着投资理财的旗号，发行各类投资产品（主要包括股权投资类及固定收益类产品)，招聘人员作为副总裁、经理、团队总监等管理旗下各个部门。基金公司通过各个副总裁、经理等人员公开举办所谓的推介会、路演、体育赛事等形式，宣传公司的理财产品，

* 钟剑锋，国信信扬律师事务所律师。

承诺保本保息及7%~11%不等的收益进行利诱发展客户，其间林某鹏、谭某珍为非法集资，将被告人谭某安插在总裁助理位置上，实际为其具体操作募集资金的去向。林某鹏、谭某珍大量募集的资金，部分用于产品“合伙企业”账户对接投资项目方账户，以此蒙蔽投资客户，大部分资金进入其控制的多个公账账户，形成资金池运作，后用于支付投资人的收益、公司职场开支、员工薪金及庞大佣金。

自2020年1月起，公安机关陆续接到受害人报案，随后开始介入调查，于2020年3月正式立案。2020年6月9日，公安局民警来到谭某住所将其带去公司配合调查，之后羁押。检察院认为谭某等人构成非法吸收公众存款罪，依法提起公诉。2021年6月29日，人民法院受理该案。

【办案过程】

（一）控方意见

2013年7月，被告人林某鹏、谭某珍在深圳注册成立基金公司，以基金公司的名义，打着投资理财的旗号，发行各类投资产品，招募大量人员公开举办所谓的推介会、路演、体育赛事等，借此宣传公司的理财产品，承诺保本保息及固定7%~11%不等的收益进行利诱发展客户。其间谭某作为总裁助理，实际为其具体操作募集资金的去向。大量募集资金仅部分用于产品“合伙企业”账户对接投资项目方账户，以此蒙蔽投资客户，而大部分资金进入其控制的多个公账账户形成资金池运作，后挪作他用，甚至用于支付投资人的收益、公司职场开支、员工薪金及庞大佣金。经司法审计：发行已备案项目13个，合同投资本金1453150000元，回款620960243.24元，差额832189756.76元；未备案项目29个，涉及合同投资本金3703428000元，回款金额2624363064.53元，差额1079064935.47元。公诉机关认为各被告人非法吸收公众存款，扰乱金融管理秩序，数额巨大，构成非法吸收公众存款罪。

（二）辩方意见

1. 本案所吸收的公众存款都是以基金公司的名义进行的，基金公司是具有独立法人资格的单位，且本案非法吸收公众存款的活动是由公司领导层决定的，通过公司组织的一系列行为，公司各个部门互相配合完成工作，符合“单位领导层作出决策由单位工作人员实施”的单位犯罪的重要特征，从本案的资金流向来看，所募集的资金大部分都投入公司对外的具体实际项目过程中，为典型的公司行为，综上所述，本案属于单位犯罪，应当对谭某比照自然人犯罪予以从轻处理。

2. 谭某的工作内容实际只有两项：负责保管公司公章、U 盾，按公司或领导层的决策意见盖章或转账。谭某并不参与公司实际管理，所谓的总裁助理也只是挂名，实际总裁有另外的助理。谭某的工作内容亦无实际参与宣传、介绍或拉拢他人投资理财并从中抽取红利。谭某在公司的工作仅是出纳的角色，按照老板的指示进行转账，并不掌握涉案资金的具体用途及公司的运作方式，综上所述，谭某在本案起到的作用十分轻微，应当从轻或者减轻处罚。

3. 谭某具有自首情节，实事求是、如实供述，依法可以从轻或者减轻处罚。本案从 2020 年 1 月起公安机关开始介入调查到 2020 年 3 月正式立案，谭某一直与公安机关办案人员保持密切联系、积极配合调查工作，如实反映所知道的具体案件事实及情况，积极整理、提供相关公司文件资料。2020 年 6 月 8 日（即被采取强制措施的前一天），谭某接到公安机关的通知要求第二天回公司接受调查，第二天在准备出门前往公司接受调查时，公安机关办案民警到了她的住所处将其带去公司配合调查，之后羁押，其间谭某全程完全配合。谭某的归案经过以及如实供述犯罪事实、积极配合调查的情况，完全符合自首情节，应当认定为自首，根据《刑法》第 67 条的规定，对于自首的犯罪分子，可以从轻或者减轻处罚。

4. 谭某既不是公司决策人员，也没有参与实际宣传、介绍或拉拢他人投资理财并从中抽取红利或佣金，没有从中获取非法利益，应当从轻处理。

5. 基金公司对外大量投资均可以变现，以此减少受害人的损失，应当考虑该部分减损情况，对谭某从轻处理。根据中国证券监督管理委员会深圳监管局出具的《深圳证监局关于移送有关线索的函》及其他相关证据表明，基金公司将募集资金均已投资相关实体项目，这些对外投资的部分均可变现，以此能够最大限度降低受害人的损失，故在量刑时应当考虑该情况，综合全部情况对被告从轻判处。

（三）辩护结果和理由

本案起诉到法院时，《起诉书》没有将基金公司列为被告单位。第一次开庭后，检察院接受了辩护人关于单位犯罪的意见，补充追加了基金公司作为本案被告单位。最终法院全面考虑并采纳了辩护人的部分辩护意见，结合公安机关出具的《抓获经过》及《情况说明》证实案发前基金公司就成立了谭某等28名员工组成的善后处理小组并配合公安机关的调查工作，其中谭某经公安机关通知后到案配合调查，均属于自动投案并如实供述案件基本事实，认定具有自首情节。关于谭某的地位跟作用，法院认为谭某在非法集资的过程中起次要作用，其除了作为公司股东外还掌握公司运营及中转账户、公章，法院综合考虑谭某参与犯罪的时间和程度、职位和在团队中的影响力等因素，予以从轻处罚。对于基金公司股权投资类等项目相关金额在犯罪数额中予以剔除问题，法院认为：1. 关于已备案的固收类项目属于承诺保本付息的违法违规集资项目，应当计入犯罪数额。2. 关于股权投资类项目，资金使用缺乏及时、公开的信息披露，且大部分项目均没有设立银行托管账户，即使小部分项目设立了专门的银行账户也缺乏第三方托管的实质要件，现有证据足以证实投资款项进入林某鹏、谭某珍及其家族控制的关联账户后，形成资金池运作。在基金公司相关资金的实际运作中，股权投资类项目与固收类项目的资金发生混同，客观上已无法剔除。此外，在基金公司涉及合同投资本金约50亿元的体量下，固收类产品就达到了40亿元并占据了公司绝大部分业务量，并在此基础上形成了公司的人员架构与运营模式，而股权类投资项目显然无法与之割裂或剔除，必须在人员、资金宣传及渠道等方面依靠公司的整体支持。基金公司为拓展客源募集更多资金，存在“拼单”“代持”规避监管、设立“居间人佣金制度”鼓励投资人或关系人介绍更多人购买公司投资产品，这些行为显然违反私募基金的相关规定。对多个已备案的股权投资类项目承诺保本付息。从现已报案的集资参与人所涉及的项目来看，无已备案且已完结退出的项目，并且其报案投资与损失的金额亦没有进行项目种类的区分，故从有利于开展追赃挽损工作及保障集资参与人利益的角度出发，也不应将股权类项目予以剔除。综上所述，已备案或者股权投资类项目相关的金额不应在认定的犯罪数额中予以剔除，但在量刑时可酌情从轻考虑。

法院最终于 2022 年 10 月 27 日作出判决：被告谭某犯非法吸收公众存款罪，判处有期徒刑 4 年，并处罚金人民币 10 万元。

【争议焦点】

1. 本案是否属于单位犯罪。
2. 谭某在本案中的地位及作用。
3. 谭某是否具有自首情节。
4. 是否应当将基金公司对外投资的金额在犯罪数额中进行剔除。

【案例评析】

本案由于报案的受害人多达 1177 人，社会影响大，被羁押被告人 40 多名，司法机关处理非常慎重。最初公安机关以“集资诈骗罪”立案，但在辩护律师会见嫌疑人以后，认为该案谭某不存在非法占有的主观故意，不符合集资诈骗罪的构成要件，审查起诉以后，涉嫌罪名改为非法吸收公众存款罪。该案在移送检察院审查起诉以后，公诉人主动联系辩护人，沟通认罪认罚问题，考虑到案件情况，辩护人也多次和被告人商量认罪认罚的条件。本案一开始，起诉书没有列基金公司为被告单位，第一次开庭时辩护人提出了本案属于单位犯罪的意见，之后检察院补充起诉追加了基金公司为被告单位。关于谭某是否自首的问题，辩护人根据和被告人沟通的情况，认为构成自首。第一次开庭以后，审判长要求公诉人向侦查机关核实辩护人所陈述的归案经过是否属实，最终合议庭采纳了被告人构成自首的辩护意见。

办理该案的一点体会是，司法机关有时候对有些问题会有遗漏，辩护律师对发现的对当事人有利的任何问题都应当坚持向办案机关提出来，不断沟通，争取最好的结果，有句话说得好，万一成功了呢。

三、破坏管理秩序类刑事犯罪辩护案例

操纵证券市场犯罪案件的辩护思路

祝　恬*

【主旨提要】

操纵证券市场是指行为人以法律所禁止的手段，影响证券交易价格或交易量的行为。根据《刑法》《最高人民法院、最高人民检察院关于办理操纵证券、期货市场刑事案件适用法律若干问题的解释》《最高人民检察院、公安部关于公安机关管辖的刑事案件立案追诉标准的规定（二）》的规定，操纵证券市场有八种类型，且不同操纵类型具有特定的犯罪构成。本文主要根据笔者办理的一件交易性操纵，即联合、连续交易操纵类型的操纵证券市场罪入手，就该类案件类型的确定、实际账户的控制情况以及操纵收益三方面的辩护提供一些建议。

【基本案情】

被告人林某，为在证券市场取得资金优势、持股优势，组建操盘团队，招募数名工作人员分成不同小组。其中部分人员负责对外联络配资中介人员，以1∶3至1∶10的配资比例，获取巨额资金及大量他人证券账户。

本案公诉机关认为：被告单位及其直接负责的主管人员、直接责任人员伙同他人集中资金优势、持股优势连续买卖，操纵证券交易价格，情节特别严重，其行为已经触犯《刑法》第182条第1款第1项、第2款之规定，应以操纵证券市场罪追究刑事责任。

据公诉机关统计，本案操盘资金数十亿元，证券账户数百个。经审计，

* 祝恬，广东德比律师事务所主任、律师。

林某团伙在连续30多个交易日中，连续买卖某股票数量累计达到该证券同期总成交量的30%以上，非法获利近6亿元，遂案发。公诉机关认为该案符合《最高人民法院、最高人民检察院关于办理操纵证券、期货市场刑事案件适用法律若干问题的解释》第2条第1款中关于情节严重的规定：持有或实际控制证券的流通股份数量达到该证券的实际流通股份总量10%以上，实施《刑法》第182条第1款第1项中的操纵证券市场行为，连续10个交易日的累计成交量达到同期该证券总成交量20%以上。

辩护人在审查起诉及审判阶段提出了如下辩护意见：

1. 公诉机关指控的犯罪所得金额过高，本案违法所得数额应为3亿余元。

2. 公诉机关指控的被告人操纵证券市场的时间不妥。

3. 本案被告人的行为不属于情节特别严重。

4. 本案属于单位犯罪且被告人具有立功情节，请求从轻处罚。

法院经审理查明，被告人林某作为某集团实际控制人，为在证券市场取得资金优势、持股优势，指示手下被告人对外联络配资中介，以高额配资比例，获取巨额资金及大量证券账户。该集团控制的账户组对某支股票操纵分为几个阶段：在建仓拉升期，集中资金优势连续大量集中买入，将股价拉升至高危并持有很高仓位；之后开始快速集中出货获利，其间遇股价下跌后多次维持股价并分批集中出货；再将股价拉升至最高点后集中卖出。

法院同时查明，在特定期限内，被告单位使用三百余个证券账户，持有某支股票的流通股份数量达到该证券同期实际流通股份总量30%以上，连续33个交易日对该支股票的累计成交量达到同期该证券总成交量的30%以上，同期，被告单位控制的账户组违法所得数额达3亿余元。

法院根据上述事实认为，被告单位及其直接负责的主管人员林某及其招募的其他直接责任人员伙同配资中介，集中资金优势、持股优势连续买卖证券，影响证券交易价格与交易量，其行为均已构成操纵证券市场罪，且属情节特别严重。林某在审理期间，检举揭发他人犯罪事实，经查证属实，具有立功表现。同时能退赔部分违法所得，在量刑时予以酌情考虑。最终，判处被告人林某有期徒刑 8 年 6 个月，就本案的涉案情节来说，对于辩方而言，算是一个较为理想的刑期。

【争议焦点】

1. 是否为单位犯罪的问题。
2. 违法所得数额的认定。
3. 本案是否属于情节特别严重。
4. 被告人林某是否具有立功表现。

【案例评析】

经过本案的辩护，笔者认为办理操纵证券市场犯罪案件主要有以下几点思路和要点：

首先，根据《刑法》《最高人民法院、最高人民检察院关于办理操纵证券、期货市场刑事案件适用法律若干问题的解释》《最高人民检察院、公安部关于公安机关管辖的刑事案件立案追诉标准的规定（二）》的规定，操纵证券市场有八种类型，且不同操纵类型具有特定的犯罪构成。

法院在审理的过程中会首先判断被告人的行为属于以上规定的哪种类型。具体到本案中，合议庭首先确定案涉的情况属于交易性操纵，即联合、连续交易操纵。就辩护人而言，可以从行为人是否具有资金、持股或持仓优势，是否利用前述优势对证券交易进行干预和引导方面进行辩护。对于是否具有优势或者具备优势但是并未对股票进行干预和引导的部门，可以排除在行为人的责任之外。

其次，合议庭会审查行为人实际控制的账户，其中包括：行为人自己的账户；行为人能够实际向账户转入或者转出的资金，并承担实际损益的他人账户；行为人通过和其他人签订协议，能够决策账户内资产交易的账户等。辩护人可在审查起诉阶段阅卷后，对相关的账户进行仔细梳理，去掉部分不属于行为人控制的账户，该账户内发生的证券交易行为不应计算在行为人操纵证券市场的犯罪数额中。

最后，关于违法所得的认定问题。《最高人民法院、最高人民检察院关于办理操纵证券、期货市场刑事案件适用法律若干问题的解释》第 9 条规定，违法所得是指通过操纵证券、期货市场所获利益或者避免的损失。对操纵证券市场所获利益或者避免损失的具体计算可遵循以下规则：

1. 案发前已经平仓的，违法所得一般按照实际收益法计算。此方法将建仓时点作为计算违法所得的起点，将平仓时点作为终点，以建仓成本与平仓金额之间的差额计算违法所得。实际收益法的优势在于客观反映了行为人的实际获利，亦能与后续违法所得追缴工作紧密衔接。

2. 未平仓或以实际收益法计算明显不合理的，可以按照市场吸收法计算。该方法是以操纵影响消除或操纵行为中断、终止等适当时点为基准计算违法所得。如果没有交易还持有剩余证券的，可以按照操纵影响消除之时的价格计算违法所得。行为人在操纵影响消除以后再行平仓的，即使平仓价高于操纵影响消除之时的价格，两者的差价部分也可不认定为违法所得。操纵影响消除时间难以证明的，也可以操纵行为中断、终止等时点作为计算基准。

对协助骗取银行保理融资行为的定性

苏冠铮*

【主旨提要】

银行保理融资业务作为一种非传统金融手段，在经济持续高质量发展的今天，发挥着越来越重要的作用，《民法典》的出台，更是将保理合同作为典型合同列入合同编分则，对保理的性质予以明确。随之而来的是，由于保理业务易于造假，用欺骗手段骗取银行保理融资的行为层出不穷，相关配套司法解释的滞后，导致各地裁判和做法出现较大差异。尤其是对协助他人骗取银行保理融资，且没有获利行为的定性尤有争议。本案例重点解决的问题，一是民事判决和刑事判决的冲突，二是对于保理融资行为是否属于“贷款”，应如何予以看待。

【基本案情】

张某（化名）为了获取资金，由于缺乏可以抵押的资产，在银行工作人员的建议下，计划用转让应收账款的保理业务融资来获取银行资金。于是张某找来李某洽谈，要求李某看在人情的份儿上，用李某名下控制的B公司与张某名下的A公司签订没有真实交易的《购销合同》，李某碍于情面，配合张某向银行申请办理保理业务，并向银行提交了虚假的《购销合同》、确认函、委托书、收货确认书等手续资料，以转让应收账款3500万元债权的方式和银行签订了《有追索权的保理合同》。在这一过程中，李某在银行工作人员核实询问时，未如实向银行工作人员说明张某提交的办理保理业务的相关

* 苏冠铮，广东金桥百信律师事务所律师。

材料存在不属实的事实，并虚假陈述B公司已经收到A公司的货物，还签订了保理业务所必需的《买方确认意见》。经过银行的相关审核后，张某成功取得银行的3000万元保理融资。在保理合同到期后，由于张某和李某均未能支付上述应收账款，银行向当地法院提起民事诉讼，要求张某、A公司、B公司以及其他担保人承担连带责任，该民事判决生效后，成功执行了B公司2000万元款项。银行将剩余欠款列为“损失”资产予以处理。事后，由于B公司其他股东举报，检察机关以李某涉嫌骗取贷款罪向法院提起公诉（张某已另案处理）。

法院认为，李某无视国家法律，在协助他人在办理银行保理业务融资过程中，签订没有实际交易的购销合同并出具了虚假的《买方确认意见》等相关保理手续资料，帮助他人以欺骗手段取得银行贷款，其行为触犯了《刑法》第175条之一的规定，构成骗取贷款罪。同时，由于其在本案中仅是协助他人出具虚假资料，亦未从中获利，在共同犯罪中起次要、辅助作用，系从犯，事发后银行也已经执行回大部分经济损失，考虑到宽严相济的刑事政策，对李某判处有期徒刑并适用缓刑。

【争议焦点】

1. 案涉业务已经由生效的民事判决处理且受害方银行没有报案，是否可以再用刑事诉讼处理?

本案中，B公司已经被法院强制执行2000万元款项，是因为法院生效的民事判决认定上述《购销合同》是合法且真实的，合同双方是真实的交易，银行方面也顺利执行了大部分款项并没有提起刑事控告。那么此时如再提起刑事诉讼，认定上述购销行为是虚假的，是否自相矛盾?

2. 银行保理融资业务是否属于贷款?

银行保理业务实质是应收账款的转让，《民法典》的出台也将保理合同列为典型合同，确认其原则上是应收账款的转让，也是属于转让的法律关系，而贷款则属于借贷的法律关系，性质不同，那么用虚假的材料骗取银行保理融资的行为是否依然能构成骗取贷款罪?

【案例评析】

（一）对于刑民交叉的问题

从实践中来看，在银行等金融机构不能按时收回款项的时候，由于其有完备的融资手续，往往第一时间都会通过法院进行民事诉讼救济，而法院对合同等融资资料的审核，如双方没有意见，往往也会确认为合法有效，此时该合同便会由生效的判决书赋予法律效力，也即有了法律上的事实。对此，应辩证看待：

一般来说，如果在刑事立案前，因受害方金融机构已通过诉讼或者其他方式，执行取得了全部款项，在银行已经挽回损失的情况下，不管是侦查机关还是其他利益相对方，也不会再另行追究刑事责任。但从刑法角度讲，只要行为人的行为符合犯罪构成，如符合骗取贷款罪或者贷款诈骗罪的犯罪构成，那么即使有生效的民事判决，依然不影响对其刑事责任的追究。从法理的角度分析，刑法属于公法调整的范畴，民法属于私法调整的范畴，并不能互相替代，也不是非此即彼的关系。刑事责任关系人身自由等最基本的权利，对证据的审核以及事实的认定，一般来说，应采取更严谨的态度，如果行为人事实上构成犯罪，则依然要承担刑事责任，而不能用民事责任来替代，否则将导致对犯罪行为的放纵，使经济秩序陷入混乱。我国也有“先刑后民”的说法，也说明了追究刑事责任的重要性。

（二）银行保理融资业务是否属于贷款

第一种观点认为保理业务不属于贷款，也不能构成骗取贷款罪或贷款诈骗罪一类。理由有二：一是骗取贷款罪是选择型犯罪，其完整的罪名为“骗取贷款、票据承兑、金融票证罪”，并没有保理的选项。二是我国《商业银行保理业务管理暂行办法》第6条规定：“本办法所称保理业务是以债权人转让其应收账款为前提，集应收账款催收、管理、坏账担保及融资于一体的综合性金融服务……以应收账款为质押的贷款，不属于保理业务范围。”《民法典》第761条明确规定：“保理合同是应收账款债权人将现有的或者将有的应收账款转让给保理人，保理人提供资金融通、应收账款管理或者催收、应收账款债务人付款担保等服务的合同。”所以，保理业务是一种转让的法律关系，不是借贷的法律关系，不属于贷款，尤其是《民法典》的出台，似乎进一步明确了保理合同的性质，不应构成骗取贷款罪或者贷款诈骗罪。

第二种观点认为，要区分看待保理业务是否属于贷款这个问题，要看涉案虚假合同是有追索权保理合同还是无追索权保理合同。如果是有追索权保理合同，保理人既可以要求债权人返还保理融资款本息或者回购债权，也可以向债务人主张应收账款债权，是一种有担保债务履行功能的间接给付合同，尽管保理融资的第一还款来源是应收账款债权的回款，但债权人对融资款负有最终的清偿责任，如果应收账款无法正常收回，债权人须履行回购义务，向保理人偿还融资本息，与还本付息的贷款相似。同时，由于保理商收取的是固定的收益，保理人向债务人主张应收账款债权，在扣除保理融资款本息和相关费用后有剩余的，应当返还债权人，表面上是应收账款的转让，实际上是债权人以应收账款作为保理人债务清偿之替代给付，回款虽优先清偿保理融资款，但余款仍应归还债权人，所以有追索权的保理合同不同于一般的买断式债权转让，类似于一种担保下的借贷，实质上是债权人与保理人之间的资金借贷关系，可以构成骗取贷款罪或者贷款诈骗罪。而如果是无追索权保理合同，则由保理人自行承担应收账款的坏账风险，不再向原债权人追偿，是债权转让关系。这种合同类似于第一种观点，不应构成骗取贷款罪或者贷款诈骗罪，至于后果是否无罪或者构成合同诈骗罪，则可能要看行为人是否有主观上的“以非法占有为目的”，有的法院便是用合同诈骗罪对这类行为予以规范。

笔者认同第二种观点，刑法上的审查不应拘泥于书面形式的内容，更应透过现象看本质，否则难以对经济秩序予以规范。尤其是在以虚假的保理资料骗取银行等金融机构资金的情况下，虚假的保理合同不能简单看作普通的保理合同，对这样的合同不能简单用民法上的条文评价其性质，退一步讲，如果保理业务不属于贷款，那么对于用保理融资来骗取银行资金的行为，一来难以用骗取贷款罪等贷款类罪名予以规范，二来也难以用合同诈骗类罪名规范，因为其未必符合主观上“以非法占有为目的”的要求。所以，不利于当下社会促进经济秩序高质量发展的要求，难以保障国家金融的稳定。

本案中，行为人签订的是《有追索权的保理合同》，同时要求原债权人和其他相关人员参与担保，法院及检察院均认可属于贷款类产品。同时，由于李某并没有获取任何利益，故不符合贷款诈骗罪要求的主观上“以非法占有为目的”，不应构成贷款诈骗罪，但其可以成为骗取贷款范围内的共犯，故法院认定为从犯。对此，尽管我国《民法典》把保理合同列为典型合同已有了较大进步，但对相关内容的解释和定义仍有所欠缺，完善相关法律条文，对于保证司法的公平公正，促进社会经济健康发展至关重要。

未经有权单位审批擅自发行出版物构成非法经营罪的有效辩护

舒才中*

【主旨提要】

依据《最高人民法院关于审理非法出版物刑事案件具体应用法律若干问题的解释》第 15 条的规定，非法从事出版物的出版、印刷、复制、发行业务，严重扰乱市场秩序，情节特别严重，构成犯罪的可以非法经营罪定罪处罚。因此，未经出版社授权和行政主管单位备案审批，擅自印刷、出版、发行出版物，情节严重的，构成非法经营罪，处 5 年以下有期徒刑；情节特别严重的，处 5 年以上有期徒刑。

【基本案情】

被告人张某等人于 2017 年成立 A 公司，主营出版、文创设计等业务，张某系涉案图书的著作权人（图书内容为教辅书籍），A 公司曾依法备案审批和取得授权，以合法方式发行涉案图书。2019 年至 2020 年，A 公司在未经出版社授权和新闻出版主管单位备案审批的情形下，擅自委托印刷厂印刷案涉图书共计 2 万余册，每册定价 50 余元，销售金额共计约 30 万元，违法所得共计 8 万余元。公安机关以涉嫌非法经营罪对 A 公司和张某等人立案侦查，并对张某等人采取刑事拘留强制措施，后检察机关对张某等人批准逮捕。

2021 年 4 月，公诉机关指控张某等人涉嫌非法经营罪，向法院提起公诉，在和辩护人充分沟通并采纳辩护人意见的基础上，公诉机关对被告人张某提

* 舒才中，广东美利天律师事务所专职律师。

出的量刑建议为有期徒刑1年，适用缓刑2年。

人民法院经审理后认为，被告单位A公司在未经相关部门审批和取得权利人授权的情况下，非法从事出版物的发行业务，严重扰乱市场秩序，情节特别严重，其行为已构成非法经营罪。被告人张某作为A公司的直接主管人员，明知A公司未经主管部门审批和取得出版社授权的情况下，非法从事出版物的发行业务，严重扰乱社会秩序，情节特别严重，行为构成非法经营罪。鉴于涉案图书内容没有违法言论，被告人张某是初犯、偶犯、自愿认罪认罚、自愿缴纳违法所得，依法从轻处罚，采纳检察机关量刑建议，判处被告人张某有期徒刑1年6个月，适用缓刑2年，并处罚金85000元。

【争议焦点】

被告人张某的起刑点应适用5年以上有期徒刑还是5年以下有期徒刑。

【案例评析】

本案中，被告单位及被告人实施的行为，应当适用《最高人民法院关于审理非法出版物刑事案件具体应用法律若干问题的解释》（以下简称《非法出版物刑案解释》）第15条的规定抑或是第11条的规定，对被告人的量刑存在重大区别和影响。若适用第15条，则法定刑量刑起点为“处五年以下有期徒刑或者拘役，并处或者单处违法所得一倍以上五倍以下罚金”，结合其他量刑情节，具备适用缓刑的条件；但若适用《非法出版物刑案解释》第11条，在没有法定减轻处罚情节的情况下，法定刑量刑起点为5年以上有期徒刑，全无适用缓刑的可能性。

本案情形是适用第11条还是第15条，《非法出版物刑案解释》并未再作出进一步详细规定，辩护人通过案例检索发现，司法实践中对该类型案件既有适用第11条规定的，也有适用第15条规定的，并未形成统一的认识。辩护人提出：依据司法解释的立法目的、逻辑解释、系统解释，适用《非法出版物刑案解释》第11条还是第15条的主要区别在于出版物的内容是否违反法律规定。若涉案的出版物内容违法，应适用第11条，则案件情节达到“情节严重”即构成本罪，“情节特别严重”则应判处5年以上有期徒刑；若涉案的图书内容合法，但是未经合法审批授权被非法发行、出版，应适用该解释第15条，则案件情节达到“情节特别严重”，达到非法经营罪的起刑点，应当处以5年以下有期徒刑。

本案中，涉案的图书C系教学类工具用书，其内容本身不违法。并且该图书曾有相关部门审批，两次合法出版。虽然后续未经相关部门审批，私自印刷发行，属于非法从事出版物的发行业务，但本案也应当适用《非法出版物刑案解释》第15条，即达到“严重扰乱市场秩序，情节特别严重”才构成非法经营罪，应当适用该罪的第一档量刑，即处5年以下有期徒刑或者拘役，并处或者单处违法所得1倍以上5倍以下罚金。

辩护人在侦查阶段、批准逮捕、审查起诉阶段就向侦查机关、检察机关提出上述辩护意见，并得到检察机关的采纳，检察机关给出有期徒刑1年6个月、适用缓刑2年的量刑建议。审判阶段，辩护人庭审时再次详细阐述了法律适用条款的理由，最终法院采纳了检察机关的量刑建议。

未经许可生产危险化学品性质的成品油如何定罪

蒋珊珊*

【主旨提要】

经营危险化学品性质的成品油，在取得《危险化学品经营许可证》的情形下，如果超出许可证登记的经营方式经营，对于这种行为该如何定性？尽管2019年国务院办公厅发布了《关于加快发展流通促进商业消费的意见》（以下简称《意见》），明确扩大了成品油市场准入，取消石油成品油批发仓储经营资格审批，但对属于危险化学品之列的成品油，仍有国务院发布的《危险化学品安全管理条例》（以下简称《条例》）予以规制。因此，在未按照《条例》规定取得相应许可的情况下擅自开展经营活动的行为，是否仍然属于“违反国家规定，未经许可经营法律、行政法规规定的专营、专卖物品或者其他限制买卖的物品，扰乱市场秩序”，因而构成非法经营罪？抑或是认为该行为并未违反市场准入许可，只是在经营过程中对于其他涉及安全生产的事项未经依法批准或许可，如果具有发生重大伤亡事故或其他严重后果的现实危险的，应以危险作业罪论处？①

【基本案情】

甲公司取得《危险化学品经营许可证》，登记经营方式为“仓储经营”，未取得《危险化学品安全生产许可证》。2020年，乙公司与甲公司达成商业合作，约定由乙公司租用甲公司的仓储油罐，用于存放制作汽油的原料混合芳烃、MTBE、抽余油、低标号汽油等，后甲公司根据乙公司指示将上述几种

---

* 蒋珊珊，广东广悦律师事务所高级合伙人。

① 毛小雨、唐乔君：《未经许可经营成品油的行为性质》，载《人民司法》2022年第5期。

原料混合存放并通过调和加温循环方式生产出高标号汽油并出库。

案发后，甲公司及公司主要负责人王某某、业务员方某某等7人被公安机关立案侦查，后公安机关认为甲公司在没有生产资质的情况下生产汽油，遂以甲公司、王某某等人涉嫌非法经营罪将该案移送检察院审查起诉。

检察院经审查认为，甲公司在未取得《危险化学品安全生产许可证》的情况下擅自生产危险化学品汽油，具有发生重大伤亡事故或者其他严重后果的现实危险，涉嫌危险作业罪。因犯罪情节轻微，检察院对甲公司业务员方某某等6人作出不起诉决定，同时对甲公司主要负责人王某某启动合规不起诉程序，后经考察决定对嫌疑人不予起诉。

【争议焦点】

未取得《危险化学品安全生产许可证》，擅自生产汽油的，应以非法经营罪还是危险作业罪处罚？

【案例评析】

从成品油经营管理的角度看，自2019年国务院办公厅发布《意见》以及2020年商务部废止《成品油市场管理办法》后，成品油的仓储、批发经营不再需要资格审批，即原有的《成品油仓储经营批准证书》《成品油批发经营批准证书》已经退出历史舞台，不宜再从这个角度论证未经许可擅自经营成品的行为构成非法经营罪。从危险化学品经营管理的角度看，《条例》明确规定国家对危险化学品经营实行许可制度，未经许可，任何单位和个人不得经营危险化学品；同时也规定危险化学品生产企业进行生产前，应当依照《安全生产许可证条例》的规定，取得《危险化学品安全生产许可证》。因此，一种意见认为，成品油中的汽油因属于危险化学品，属于国家严管之列，根据《条例》规定，其仍然属于“限制买卖的物品”，所以未取得《危险化学品安全生产许可证》擅自生产汽油，构成非法经营罪；另一种意见则认为，《条例》规定生产汽油必须取得相应证书，目的是出于对公共安全法益的保护，而不是出于对汽油市场准入的考量，故未取得《危险化学品安全生产许可证》擅自生产汽油，并没有违反我国对限制买卖物品的市场准入许可，不构成非法经营罪，如果该行为具有发生重大伤亡事故或者其他严重后果的现实危险，以危险作业罪论处。

笔者赞同第二种意见。从危险化学品经营管理的角度看，虽然《条例》明确规定国家对危险化学品实行许可制度，也规定生产危险化学品需要取得相关许可证书，但《条例》也未明确规定汽油属于“限制买卖的物品”，因此未经许可生产汽油的行为仅涉及生产安全问题，没有违反市场准入许可，不构成非法经营罪。

（一）从犯罪构成的角度看，刑法规定的“限制买卖”与行政法的“经营许可”不能等同，违反经营许可不等于违反“限制买卖”的规定

所谓限制买卖的物品，是指国家在一定时期内实行限制性经营的物品。《刑法》第225条第1项规定将限制买卖的物品与专营、专卖的物品相并列，根据刑法的同类解释原则，应理解为国家对买卖活动实行严格管制的物品。[①]参照专营专卖物品可知，法律明确要求的是此类物品的“买卖活动”受到法律、行政法规的限制，而不能将之扩大理解为此类物品的“经营活动”受到法律、行政法规的规制，这是两个不同的概念。因为非法经营罪打击的只是违反市场准入的行为，而不是违反一般行政许可（要求具有何种经营资质才能经营）的行为。

“非经许可……不得生产经营；未取得某某许可证，不得生产经营”这种表述是一种典型的行政许可，实行行政许可制度才能使用、生产、经营的物品不可胜数，但它们并不能等同于限制买卖物品。例如，我国的《工业产品生产许可证管理条例》对各种食品以及其他产品实行生产许可制度，包括乳制品、肉制品、饮料、米、面、食用油、酒类等食品以及安全网、安全帽等劳保产品。然而，实行生产许可制度，并不意味着未经许可生产、经营上述产品就是未经许可经营限制买卖的物品因而构成非法经营罪。

---

① 陈兴良：《违反行政许可构成非法经营罪问题研究——以郭嵘分装农药案为例》，载《政治与法律》2018年第6期。

《刑法》第225条第1项规制的对象是“法律、行政法规限制买卖的物品”，而并非“法律、行政法规设置行政许可才能经营的物品”，前者是市场准入管制，后者是出于安全、环保或其他原因设置的行政管理制度。经过许可才能生产、经营的物品在我国品类繁多，行政许可的设置非常多见，但这些物品绝大多数都不是“限制买卖”的物品，关键还是得看行政法规本身到底有没有明确规定限制买卖，即明确规定了“必须如何才能买卖，如何才能批发或零售”。

《危险化学品安全管理条例》第38条对危险化学品中的“剧毒化学品、易制爆危险化学品”进行了限制买卖的规定，对其他类别危险化学品并未作出限制买卖的规定。而汽油不属于“剧毒化学品、易制爆危险化学品”，《危险化学品安全管理条例》全文未见对汽油的买卖进行限制的规定。

因此，我们认为，汽油虽然属于危险化学品，但并不属于《刑法》第225条第1项规定的限制买卖的物品。

（二）从法益侵害的角度看，非法经营罪保护的法益是经营专营专卖、限制买卖物品的市场准入秩序，而非危险化学品管理制度保护的公共安全

本案中，甲公司具有危化品的经营许可证，经营方式为仓储经营。如果认为其构成非法经营罪，实质上是追究其没有取得《危险化学品安全生产许可证》而进行生产的行为。但显然，《危险化学品安全生产许可证》是出于对公共安全的管理而设定的行政许可，甲公司的行为并没有侵犯到我国对于专营专卖、限制买卖物品的市场准入管理。

目前，认定非法经营罪的思路只有非法从事成品油经营活动违反了国务院《危险化学品安全管理条例》的规定。但是，违反该条例规定的行为侵犯的法益主要不是市场许可秩序，而是公共安全。从法益侵害角度看，应考虑认定为危害公共安全类犯罪。因此，最高人民检察院专家组在答复地方检察院时认为：“《意见》（指的是：2019年国务院办公厅下发《关于加快发展流通促进商业消费的意见》）规定扩大成品油市场准入，对成品油相关政策的理解及非法经营罪的认定将带来一定的影响或变化。对此类案件的适用法律问题，建议根据《最高人民检察院办理下级人民检察院请示件暂行规定》，

以院名义逐级向最高人民检察院书面请示。”①

因此，本案中，甲公司虽然在未取得《危险化学品安全生产许可证》的情况下实施了生产汽油的行为，该行为具有发生重大伤亡事故或者其他严重后果的现实危险，其侵害的法益并不是市场准入许可秩序，而是公共安全。

（三）非法经营罪是典型的空白罪状，从附属刑法的责任规定看，未取得《危险化学品安全生产许可证》而进行生产的行为，不构成非法经营罪

《条例》将涉及危险化学品管理的行为规定了“生产”“使用”“储存”“运输”“经营”五种类型，并分别规定了不同的法定义务和法律责任。既然五种行为平行规定，说明五个概念的内涵和外延各不相同且执法中不能互相混淆替代，否则国务院就没有必要在行政法规中重复规定。

如果是未取得《危险化学品安全生产许可证》而生产危化品的，按照《条例》第77条的规定，未依法取得危险化学品安全生产许可证从事危险化学品生产，或者未依法取得工业产品生产许可证从事危险化学品及其包装物、容器生产的，分别依照《安全生产许可证条例》《工业产品生产许可证管理条例》的规定处罚。

而《安全生产许可证条例》第19条规定：“违反本条例规定，未取得安全生产许可证擅自进行生产的，责令停止生产，没收违法所得，并处10万元以上50万元以下的罚款；造成重大事故或者其他严重后果，构成犯罪的，依法追究刑事责任。”可见，未取得《危险化学品安全生产许可证》进行生产，仅属于行政违法行为，只有在造成重大事故的情况下才考虑入罪，在没有造成重大事故的情况下不构成犯罪。

（四）从国家产业政策的调整角度看，把汽油理解为“限制买卖的物品”，动用刑法对其进行市场准入限制，与国家产业政策相违背

2019年国务院办公厅下发《意见》，目的就是扩大成品油的市场准入，加强成品油的流通，这是国务院对成品油政策的调整。成品油包括柴油和汽

① 王勇：《刑法修正案（十一）的蝴蝶效应——以对认定非法经营罪、违法所得的影响为例》，载《检察日报》2020年12月31日。

油是常识，国务院出台的成品油政策，经过复杂而严谨的广泛收集意见和论证，不可能没有考虑到这个政策的对象——汽油本身又是属于危险化学品的情形。

为了贯彻国务院的意见，商务部废止了《成品油市场管理办法》和《原油市场管理办法》。《商务部关于做好石油成品油流通管理“放管服”改革工作的通知》规定：“市场主体从事石油成品油批发、仓储经营活动，应当符合企业登记注册、国土资源、规划建设、油品质量、安全、环保、消防、税务、交通、气象、计量等方面的法律法规，达到相关标准，取得相关资质或通过相关验收，依法依规开展经营，无需向商务主管部门申请经营许可。”这一规定在对成品油市场准入松绑的同时，也提到由于还存在其他大量出于安全、质量等方面对于成品油管理的规定，企业也仍然需要遵守。这种行文本身就说明出于安全、质量等方面对于成品油作出的资质要求，并不属于限制成品油的买卖。否则，就会造成“一边是行政法规对成品油的市场准入解绑，一边却将从安全角度对汽油经营做出的资格限制理解为限制汽油的买卖”的矛盾局面。

综上所述，甲公司未取得《危险化学品安全生产许可证》擅自生产汽油的行为，不构成非法经营罪，但由于该行为具有发生重大伤亡事故或者其他严重后果的现实危险，应以危险作业罪追究其刑事责任。

传销活动人数存疑的成功辩护

——陈某涉组织、领导传销活动罪不起诉案

韦穗生[*]

【主旨提要】

我国刑法和司法解释对组织、领导传销活动罪的层级和人数作了量化规定，对参与传销活动在30人以上且层级在三级以上的，才对组织者、领导者追究刑事责任。在案件查处时，嫌疑人对下线多个层级的实际人数不能确定，一般按照公安侦查认定的人数进行供述签认，导致涉案人数的不真实。

【基本案情】

（一）指控事实

对邓某、黎某、黄某、陈某等9人涉嫌组织、领导传销活动一案，公安机关《起诉意见书》指控：广州市某公司通过微信公众号、微博、线下见面会等方式推广“CSC合作销售模式”不可持续，属于非正常经营行为，该模式要求会员强制购买首单2200元CSC商品入会，拿到会员合作销售二维码后，即可在CSC模块中下单继续购买商品和推荐新会员，新会员推荐人就可抽取下一级会员购买商品85元/单、51元/单的提成费，并按下线的发展人数定为小团长、团长、团队长，额外获得团购收益计提奖励。陈某用身份证绑定的用户有2个，在整个网络推荐关系中的等级为团长，下线层级有6层，直接下线用户数7个，下线总用户数61个。

---

* 韦穗生，广东瀛真律师事务所律师。

（二）辩护思路

针对公安机关的指控，辩护人和陈某对涉案的下线人数材料、IP 地址进行逐一比对，分析该案 CSC 网络推荐层级关系和下线层级户数与人数的证据构成，确认陈某下线层级为多层属实，但用户数不等于用户人数，确定有部分用户是家庭成员和亲属之间借用手机和身份信息绑定而产生重名，重名人包括没有民事行为能力的儿童，我们剔除重名和借用手机开户人员后统计实际参与人数应该是 28 人，并制作导图表格附《律师法律意见书》交公诉机关。根据辩护人的意见，公安机关在退查中补充了司法鉴定所对陈某下线人数、营利金额的去重复鉴定，鉴定结论是陈某下线用户人数为 36 人，在网络推荐层级中为第三层，用户等级为团长。辩护人认为，依据公司 CSC 平台数据进行司法鉴定的结论仍不能证明陈某下线的实际人数，而应对其下线实际参与人逐一取证再作统计，如陈某下线的实际人数达不到 30 个以上，依法就不构成犯罪。

（三）辩护理由

陈某具有投案自首、退赃的情节，并签署了认罪认罚具结书，可以获得较轻的刑事处罚，但按其涉嫌犯罪事实的认定和刑事诉讼程序的要求，要争取公诉机关作出不起诉决定，还应当提出指控事实不清、证据不足的理由。因此，辩护人向公诉机关提出了几点辩护意见：

1. 对陈某下线用户人数的司法鉴定只排除重名，部分亲属间借名开户人数仍未排除。

根据卷宗的口供和证人材料，辩护人对剩余的 36 个用户人员进行身份核对调查，发现仍有部分用户是家庭成员或亲属关系，他们之间有借名开户的事实，而出借人并没有参与和进行网购传销活动。为此，我们根据用户 ID、电话号码等资料对应其真实姓名，指出哪些用户之间具有家庭成员或亲属关系，哪些家庭成员和亲属关系中具体是何人在使用这些账户，从而得出陈某下线的实际开户人数为 28 人，并制作了陈某下线的层级和上下线人员之间的家庭成员亲属关系彩色图表，相同颜色用户为一人使用多名家庭成员或亲属账户进行操作，从而说明陈某下线仍有夫妻、母女、母子等家庭成员或亲属关系的借名人员未予排除。

2. 由于陈某下线实际人数的变化，认定陈某通过传销活动获得非法利益的数额应当重新鉴定计算。

《起诉意见书》指控陈某传销下线有61个用户从而认定陈某获得三笔非法收益，分别是分享收益总金额累计为110054元，团购收益总金额累计为138108元，流动收益总金额累计为80235元。经过对陈某下线去除重名的司法鉴定后认定开户人数为36人。辩护人认为，开户人数变更后陈某所获得的虚拟收益就不是指控所列数额，而是流动收益的总金额会增大，分享收益和团购收益的总金额会减少，而流动收益是CSC平台会员每次购物付出资金获得的返还款，分享收益是业务介绍的佣金，团购收益是穿透多层的计提奖励，陈某的这三项收益随着开户人数的变化而发生变化，认定其非法收益数额应重新鉴定计算。

3. 陈某具有投案自首、退缴违法所得和认罪认罚的减轻处罚情节，即使构成犯罪也属于情节轻微，建议不起诉。

陈某在公安机关对其采取强制措施的3个月前就根据公安机关的通知到公安机关谈话做笔录，如实供述了自己的传销活动，属于自首，在案件退查期间自愿退回了4万多元的非法收益，签署了认罪认罚具结书。辩护人认为，陈某虽参与组织、领导传销活动，但陈某以下6个层级的下线人员多为家庭成员和亲属关系，部分参与者使用亲属用户名进行网购交易赚取积分，情节较轻，社会危害性不大，对其作出不起诉决定符合法律规定。

（四）案件结果

2021年6月，广州市某区人民检察院对陈某作出不起诉决定：陈某实施了《刑法》第224条之一规定的行为，但犯罪情节轻微，有坦白情节，自愿退出违法所得，认罪认罚，根据《刑法》第37条的规定，不需要判处刑罚，依据《刑事诉讼法》第177条第2款的规定，决定对陈某不起诉。

【争议焦点】

如何认定陈某的下线人数？

【案例评析】

本案辩护人提出陈某下线人数未达到刑事追诉标准的合理怀疑，是检察院作出相对不起诉决定的主要因素，如果辩护人不能发现和提出去除重名借名并按实际人数计算的合理怀疑，案件就会按照《起诉意见书》的指控起诉至法院进行定罪量刑。如果辩护人能证明陈某下线用户人数在去除重名借名后仍不足30人，就能推翻去除重名仍有36人参与的司法鉴定结论，从而获得绝对不起诉决定的更好的辩护效果。

组织、领导传销活动罪案件的辩护思路

张春晓*

【主旨提要】

组织、领导传销活动罪是指行为人违反国家规定，组织、从事传销活动，扰乱市场秩序，情节严重的行为。但不是所有的传销行为都构成犯罪，情节轻微的，属于一般违法行为，由工商行政管理部门予以行政处罚；只有行为人实施传销行为情节严重才构成犯罪，依法追究刑事责任。根据《刑法》《最高人民检察院、公安部关于公安机关管辖的刑事案件立案追诉标准的规定（二）》的规定，涉嫌组织、领导的传销活动人员在30人以上且层级在三级以上的，对组织者、领导者，应予立案追诉，并明确了可以认定为传销活动的组织者、领导者的五种情形。本文主要根据笔者办理的一起组织、领导传销活动罪案件入手，就该类案件组织者、领导者的确定，层级的情况，下线人员的情况这三个方面的辩护提供一些建议。

【基本案情】

被告人叶某，经同案人刘某介绍和推荐，在“云某商城”注册铂钻会员，并积极宣传和推广该商城的模式，发展下线会员，获取大额奖励、提成和嘉奖，至案发时止，成为八级代理。

（一）公诉机关指控事实

被告叶某结伙组织、领导传销活动，情节严重，其行为触犯了《刑法》第224条之一的规定，应当以组织、领导传销活动罪追究刑事责任。

---

* 张春晓，广东正大联合律师事务所高级合伙人。

据公诉机关统计，2014年1月6日，黄某等人（均另案处理）在广州注册成立“广东云某网络科技有限公司”并开发了网上交易平台“云某商城”，设定了普通、金钻、铂钻三个等级的会员，不同等级会员享有不同的会员权益，上级会员能推荐本级及下一级会员，并据此推荐关系形成金字塔型层级网络架构。三个等级会员只要在“云某商城”消费，就可获得100%消费金额的白积分返还，但只要缴纳人民币99.9元或999元就可升级为金钻、铂钻会员并可获得100%缴纳费用的白积分返还，还可购买代理权，从其下线会员处获取奖励、提成和嘉奖。截至2018年5月8日，“云某商城”共计发展会员896万余人。截至2018年5月8日，被告叶某处于推荐关系的12层，下线层级36层，直接下线82人，下线总人数43496人，从其实际控制的账号共计提现100540元，遂案发。公诉机关按照2010年颁布施行的《最高人民检察院、公安部关于公安机关管辖的刑事案件立案追诉标准的规定（二）》第78条“组织、领导以推销商品、提供服务等经营活动为名，要求参加者以缴纳费用或者购买商品、服务等方式获得加入资格，并按照一定顺序组成层级，直接或者间接以发展人员的数量作为计酬或者返利依据，引诱、胁迫参加者继续发展他人参加，骗取财物，扰乱经济社会秩序的传销活动，涉嫌组织、领导的传销活动人员在三十人以上且层级在三级以上的，对组织者、领导者，应予立案追诉”的规定，对叶某进行立案追诉。

（二）辩护意见

1. 叶某在“云某商城”注册会员及发展会员过程中，主观方面不存在“直接故意犯罪”的目的。

2. 叶某没有起到组织、领导作用，没有参加“云某商城”，没有进行讲课、宣传和策划活动等发展会员，没有用引诱、胁迫的手段发展会员。

3. 叶某代为注册的都是亲友，没有发展下线会员。

4. 叶某名下有两家企业，没有从事传销活动的动机，其目的是拓展自己两家公司的业务和获得消费积分。

（三）法院判决

法院经审理认为，被告人叶某无视国家法律，结伙组织、领导传销活动，情节严重，其行为已构成组织、领导传销活动罪。公诉机关指控的事实清楚，证据确实、充分，罪名成立。叶某在共同犯罪中起次要作用，是从犯，应从轻或减轻处罚，其到案后的如实供述行为，可从轻处罚；结合被告叶某的涉案事实、情节、后果等因素对其减轻处罚。最终，判处叶某有期徒刑 2 年并处罚金 10 万元。

就本案的涉案情节来说，对于辩方而言，算是一个较为理想的刑期。

【争议焦点】

1. 本案被告人叶某在主观方面是否存在“直接故意犯罪”的目的。

2. 关于本案被告叶某是否为从犯。

3. 关于本案被告叶某是否具有坦白情节。

【案例评析】

经过本案的辩护，笔者认为在办理组织、领导传销活动罪案件中主要有以下几点思路和要点：

1. 根据《刑法》及《最高人民检察院、公安部关于公安机关管辖的刑事案件立案追诉标准的规定（二）》的规定，组织、领导传销活动案的组织者、领导者有五种类型，具有特定的犯罪构成。

法院在审理的过程中会首先判断被告人的行为属于以上规定的哪种类型。具体到本案中，合议庭首先确定案涉的情况属于“引诱参加者继续发展他人参加”。就辩护人而言，可以从行为人是否具有主观犯罪目的、人员层级、下线人数、行为性质分类等方面进行辩护。

2. 合议庭会审查行为人实际控制的账户，其中包括：行为人自己的账户和行为人能够实际控制的他人账户。辩护人可在审查起诉阶段阅卷后，对相关的账户进行仔细梳理，去掉部分不属于行为人控制的账户，该账户内发生金额不应计算在行为人的犯罪数额中。

无罪案件中律师调查取证权实践要点

——李某涉嫌生产、销售有毒、有害食品罪不起诉案

李怡忆*

【主旨提要】

《刑法》第144条规定的生产、销售有毒、有害食品罪，在主观方面只能由故意构成，只要行为人出于故意在所生产、销售的食品中掺入有毒、有害的非食品原料的，或者明知是掺有有毒、有害物质的食品仍然予以销售，就构成该罪。本案例评析旨在分享辩护人如何在此类案件中挖掘当事人无罪的相关证据，并利用《刑事诉讼法》赋予律师调查取证的权利达到为当事人成功辩护的目的。

【基本案情】

2017年8月10日，李某因涉嫌生产、销售有毒、有害食品罪被广州市公安局某区分局刑事拘留，同年9月13日经广州市某区人民检察院批准逮捕，次日被逮捕。同年11月13日由某公安分局依法移送某区检察院审查起诉。

某公安分局移送审查起诉认定：从2013年开始，广州市某生物科技有限公司实际经营者林某甲、林某乙（均在逃）租用广州市某档口作为经营场所，生产、销售咖啡、蜂蜜、乌梅、花茶、营养饮料等多种食品。李某作为公司的跟单客服人员，主要负责跟进蜂蜜系列产品的生产和销售进度。2017年8月9日和8月18日，执法人员在该公司档口及仓库查获上述食品、原料粉末、作案工具及销售单据等物品。经中国广州分析测试中心和中国广东省

* 李怡忆，广东济方律师事务所合伙人、执业律师。

质量监督食品检验站检测，上述被查获的部分成品和半成品咖啡、蜂蜜、营养饮料、乌梅、花茶以及原材料粉末中，含有他达拉非、西地那非或酚酞成分。

经审查及两次退回补充侦查，2018 年 5 月 16 日，某区检察院认为某公安分局认定李某涉嫌生产、销售有毒、有害食品罪的犯罪事实不清、证据不足，不符合起诉条件。依照《刑事诉讼法》第 171 条第 4 款的规定，决定对李某不起诉。

【争议焦点】

李某是否明知涉案生产、销售的食品已经掺入有毒、有害的非食品原料而进行生产或销售。

【案例评析】

（一）食品相较生产、销售伪劣商品罪一节中涉及的其他产品而言，系当事人日常生活中最有可能留存的“无罪证据”

根据《食品安全法》第 150 条的规定，食品，指各种供人食用或者饮用的成品和原料以及按照传统既是食品又是中药材的物品，但是不包括以治疗为目的的物品。换言之，本罪中的“食品”并非日常用语意义上使用的“食品”一词。但是，事实上本罪所涉案件高发于食品行业，多体现于所谓的“古法技艺”，如在面食类制作中添加明矾、肉类制作中添加硼砂、制作的食物过程中添加罂粟粉末提味等。此外，在减肥药、保健品、凉茶中非法添加有毒、有害物质占本罪比例比较高，常见的犯罪如生产销售含有“西布曲明”的减肥药、含有“西地那非”成分的性保健品等。由此可见，经办生产、销售有毒、有害食品罪的案件中，是否有当事人本人或其亲朋好友食用过涉案食品的线索可以优先成为辩护人寻找案件突破点的重要一环。

本案中，所涉食品恰巧为咖啡、蜂蜜、营养饮料、乌梅、花茶等日常生活中大多数人均可能食用之物。因此，以此为突破点，辩护人通过仔细询问、耐心引导，了解到李某在不知情的情况下不仅自己曾经食用过涉案有毒、有害食品，并将涉案食品带给自己的数名家人及好友食用，其中包括自己年仅5岁的侄子。更幸运的是，其中三名亲朋好友未将涉案食品全部吃完，还留有实物，这为本案作出不起诉决定找到了最为关键的突破口。

当然，行为人自己或其亲朋好友食用过涉案食品不能作为出罪的唯一依据，毕竟也可能存在明知有毒有害而觉得问题不大的侥幸心理。我国对生产、销售有毒、有害食品罪采用推定“明知”的认定，也就是说只要行为人认识到其生产、销售的对象存在有毒、有害的安全隐患，就推定其主观上符合明知的状态，行为人只有拿出确凿的证据证明自己确实不知道的主观心理，才不会被认定为明知。

《最高人民法院、最高人民检察院关于办理危害食品安全刑事案件适用法律若干问题的解释》第10条规定，《刑法》第144条规定的“明知”，应当综合行为人的认知能力、食品质量、进货或者销售的渠道及价格等主、客观因素进行认定。具有包括长期从事相关食品、食用农产品生产、种植、养殖、销售、运输、贮存行业，不依法履行保障食品安全义务的；没有合法有效的购货凭证，且不能提供或者拒不提供销售的相关食品来源的等六种情形之一的，可以认定为《刑法》第144条规定的“明知”，但存在相反证据并经查证属实的除外。因此，辩护人在辩护过程中除了寻找是否食用过涉案食品的突破点，更要结合行为人的职业经历、文化程度、社会背景、家庭成员等，行为人的聊天记录、转款记录等文字证据，食品来源以及价格、销售方式等客观因素，结合案件事实及证据进行综合辩护。

（二）有效利用《刑事诉讼法》赋予律师调查取证权利的同时维护自身合法权益是重中之重

根据《刑事诉讼法》第41条、第43条以及《律师法》第35条的规定，辩护律师调查取证权是指辩护律师为了进一步了解和核实所办案情，依法向有关单位、个人进行调查并收集相关证据的权利。一直以来学术界对辩护律师的调查取证权存在分歧，广义的调查取证权包括调查权、阅卷权、复制权及通信权等与案件相关权利的集合。狭义的调查取证权是指辩护律师在人民检察院或法院的允许下，不仅有权向证人和相关单位收集证据，而且可以申请司法机关收集证据，因而狭义的调查取证权包括律师的直接取证权和向司法机关申请调查取证权。考虑到律师的调查取证权是律师发挥自身调查取证的重要作用，目前对律师调查取证权的界定以狭义定义为主①，而本案例分析也主要围绕律师的直接取证权和向司法机关申请调查取证权展开。

笔者认为，在目前向司法机关行使申请调查取证权应当优先于律师的直接取证权。因此在本案中，辩护人在充分了解案情并发现委托人可能存在无罪的可能后，第一时间在侦查阶段即向经办的公安机关递交了李某可能不构成犯罪的《法律意见书》，并通过《调取证据申请书》提供了其可能无罪的证据线索。案件很快进入审查起诉阶段，辩护人依法申请与经办检察官见面，请求其听取辩护律师意见。在与经办检察官沟通的过程中，辩护人通过《法律意见书》及《情况反映书》向经办检察官反映了李某可能不构成犯罪的情况。与此同时，提交了《调取证据申请书》并取得了检察院的同意。在面谈过程中，控辩双方充分交换了对本案的看法及意见，形成了良性互动，为后来经办检察官接受李某可能无罪的相关材料及证据打下了扎实基础。

辩护人在正式调查取证前做了多次调查工作，并进行了同步录音，在确保当事人及其家属并无隐瞒的前提下进行调查取证。此外，在调查取证的过程中还采取了两人一组的方式，利用同步录音录像的方式对证人进行了调查询问并进行了证据采集及封存，以此达到防范律师在调查取证中可能遭遇的风险的目的。

事后，辩护人将上述证据及时提交给了公安机关及检察院，此时李某可能无罪的证据引起了经办机关的注意。随后，检察院要求公安机关向辩护人调查的三位证人进行核实并对辩护人提供的证据予以认可。此项关键证据对检察院最后作出对李某不予起诉的决定发挥了重要作用。

律师调查取证权是法律赋予辩护律师的一项准备性权利，更是律师权的核心权利，是辩护的重要途径。刑事诉讼中的律师调查取证权可以对案件起到决定性作用，做好调查取证制度完善工作是实现法庭实质化的前置性环节。

---

① 姜惠兵：《论刑事诉讼中律师的调查取证权》，载《法制与社会》2020年第6期。

笔者相信最大限度维护委托人的合法权益是每位辩护律师的追求，因此充分灵活地行使律师享有的正当权利，在依法依规的前提下积极加强与办案人员的沟通，如何在保护自己的前提下行使调查取证权及时有效地为委托人固定有利证据，值得引起每一位辩护人的注意。

还款资金来源混同诈骗所得款的辩护思路

——郭某慧掩饰隐瞒犯罪所得案

林振宇*

【主旨提要】

出借人将其向从事放贷生意的亲属借款的所得款及自有资金作为出借款项以现金形式交付借款人，而借款人通过国外地下钱庄向出借人分多次转账还款，出借人在收到借款人的还款通知后，按照亲属的还款要求前往银行提取现金，但因以上借款事实未出具借据，而借款人的部分还款恰好来源于被电信网络诈骗犯罪团伙操控的账户，且出借人取现的行为也刚好发生在涉案区间内，由此引发本案对借款人系列行为是否涉罪、涉何罪认定的争议。其中，出借人及其辩护人坚持无罪意见，一审法院认为公诉机关指控诈骗罪有误而将罪名纠正为掩饰、隐瞒犯罪所得罪，二审法院认为原判认定的犯罪事实不清、证据不足，故裁定撤销原判并发回重审。

【基本案情】

公诉机关指控：2019年4月，被告人郭某慧伙同他人利用网络诈骗平台，通过微信诱使被害人加入股票投资群，利用专家讲课等方式吸引投资者，在群内发布虚假的数字货币及快速上涨行情，诱使被害人以投资DIA币、TIN币、USDT币等虚拟货币的方式，将投资资金直接汇入其提供的银行卡账户，得手后切断与被害人的联系，从而诈骗被害人钱财共同分赃。诈骗得手后，郭某慧一伙利用非法获取的唐某英、吴某云、董某建、廖某明、高某、杨某

---

* 林振宇，广东连越律师事务所高级合伙人。

肖等人的银行卡账户接收被害人汇款，后分别汇入不同账户处理赃款及分赃。其中，有219.6万元汇入被告人郭某慧的银行卡并被其取现219.5万元进行转移。

法院经审理认为：

（一）关于被告人郭某慧行为是否构成犯罪的问题

郭某慧提出其取现的款项是马某的转账还款，其用于归还黄某歌欠款。经对在案证据分析，认为存在以下疑点、矛盾：（1）郭某慧归案后稳定供述“其经营木材生意，年收入10万元至30万元，不清楚马某做什么生意”。如其供述的年收入真实，该笔320万元的借款对郭某慧而言并非小数，即使其向亲戚黄某歌借款不需要写借条，亦不可能出借给马某时不需要马某出具借据。（2）对于借款是否约定利息，黄某歌、郭某慧二人说法相互矛盾。（3）对于还款给黄某歌，郭某慧为何不直接转账，而要大费周折去多个银行网点提取大额现金。（4）被告人郭某慧涉案建设银行账户案发前交易明细，及2019年4月19日转账给王某16.97元，并备注附言“清卡转账”，可以证实该账户并非郭某慧实际使用。（5）马某此前多次频繁出入境，为何郭某慧案发后，马某没有再入境，更没有到案为这个借给他320万元还不用写欠条的好朋友作证。（6）马某提供的情况说明等，由于该证据形成于境外，未经所在国公证，以及我国驻该国使领馆认证程序，不符合证据形式，不予采信。（7）郭某慧归案后稳定供述其从事木材生意，与张某贵证言称郭某慧经营玉扣玉器公司明显不符。（8）张某贵提供的玉扣玉器公司工商注册资料显示，郭某慧虽为法人代表，同时为股东，但该公司直至案发股东并未实际缴纳出资，亦没有缴纳职工社保，不能证实该公司实际开业经营，以及由被告人郭某慧经营。综合考虑上述矛盾、疑点，法院认为郭某慧提出的上述辩解意见理据不足，不予采纳。

另外，郭某慧涉案建设银行账户交易明细反映，该账户从2019年4月18日开始进款，到2019年4月19日郭某慧到当地各建设银行网点大额提现。交易明细显示资金一边进账，郭某慧一边到各银行网点取现，剩余款项也在2019年4月22日全部取出。而2019年4月20日至21日为周末，银行不办理大额现金取现业务。由此可知郭某慧是十分迫切地需要将账户内全部款项提现并转移。如果仅是马某的还款，其完全没有必要如此紧张地取款。按交易习惯，其转账给黄某歌更为方便。

综合郭某慧不能说明其银行账户资金合法来源，资金到账后急于提现转移，以及款项来源于廖某明、杨某肖、吴某云等被犯罪团伙控制账户转账的实际情况，法院认定郭某慧明知其银行账户内款项是违法犯罪所得，而予以转移，其行为已构成掩饰隐瞒犯罪所得罪。辩护人提出被告人郭某慧行为不构成犯罪的意见理据不足，不予采纳。

在犯罪数额方面，廖某明、杨某肖、吴某云等人证言、11 名被害人陈述及银行交易明细，足以证实廖某明、杨某肖、吴某云等人银行账户是被犯罪团伙控制，专门用于接收、分流、转移犯罪所得资金，其账户内资金属违法犯罪所得，故郭某慧建设银行账户接收、提现廖某明、杨某肖、吴某云等人转账的 219.6 万元，应计入其掩饰隐瞒犯罪所得的犯罪数额。

（二）关于辩护人提出本案侦查立案程序及公诉机关举证问题

在案证据受案登记表、立案决定书，能够清晰反映该案线索来源，并无不妥。被告人曾某民是被以投资虚拟货币形式诈骗，其是在账户资金不能提现时才发现被骗，故报案时间在被骗之后，以及郭某慧提现之后，并不违反逻辑。故辩护人提出侦查立案程序时间逻辑存在重大瑕疵的意见理据不足，不予采纳。《刑事诉讼法》第 51 条、第 52 条规定，公诉案件中被告人有罪的举证责任由人民检察院承担，审判人员、检察人员、侦查人员必须依照法定程序，收集能够证实犯罪嫌疑人、被告人有罪或者无罪、犯罪情节轻重的各种证据。本案中公诉机关已将全案证据一并移送提起公诉，包括黄某歌证言、马某从境外邮寄的情况说明等，足以证实公诉机关已依法履行职责，辩护人提出的相关意见理据不足，不予采纳。

法院认为，郭某慧无视国家法律，明知是犯罪所得而予以转移，其行为已构成掩饰、隐瞒犯罪所得罪，情节严重。公诉机关指控其犯罪的事实清楚，证据确实、充分，罪名成立。唯指控罪名有误，予以纠正。郭某慧家属代为退缴违法所得，对其酌情从轻处罚。公诉机关提请处理冻结的吴某芳等银行账户内资金及杨某肖退缴的 922 元，不属被告人郭某慧掩饰隐瞒犯罪所得资金，本案暂不处理。因此，依法判决被告人郭某慧犯掩饰隐瞒犯罪所得罪，判处有期徒刑 4 年 6 个月，并处罚金人民币 20 万元；追缴郭某慧违法所得 219. 6 万元，按比例发还被害人。

宣判后，原审被告人郭某慧不服，以原审认定事实错误、量刑过重等为由提出上诉。二审法院认为，原判认定的犯罪事实不清、证据不足，依法裁定撤销原判决，并发回一审重新审判。

【争议焦点】

1. 被告人接收的款项来源及性质认定。
2. 被告人的行为是否符合诈骗罪或掩饰、隐瞒犯罪所得罪的构成要件。

【案例评析】

（一）被告人接收的款项来源及性质认定

本案的证据尚不足以证实被告人郭某慧的账户所接收款项全部源于因电信网络诈骗的犯罪所得，部分尚未查证属于犯罪所得的数额亦不应直接纳入认定涉案款项范畴。另外，通过分析郭某慧账户接收的款项中涉及因电信网络诈骗的受害人损失资金金额的占比，以及郭某慧接收的转账款项金额存在区别于受害人向涉案中间账户转账的特征差异，对于郭某慧提出接收的款项源于借款人马某因在境外无法回国而通过地下钱庄还款的辩解，存在一定的合理性。

（二）被告人的行为是否符合诈骗罪或掩饰、隐瞒犯罪所得罪的构成要件

对于涉及电信网络诈骗的刑事案件，《最高人民法院、最高人民检察院、公安部关于办理电信网络诈骗等刑事案件适用法律若干问题的意见》以及《最高人民法院、最高人民检察院、公安部关于办理电信网络诈骗等刑事案件适用法律若干问题的意见（二）》均作出了适用法律的指引。

鉴于本案现有证据并不能证明郭某慧与本案中除亲属黄某歌及其司财务

总监张某贵、朋友马某以外所谓的被害人、同案人、中间账号控制人有通过任何方式的联系或犯意沟通联络，而且现有证据亦不能证明郭某慧非法获取、实际控制或操作部分中间账户，也不能证明实际控制或操作这部分中间账户的人是在郭某慧的指示下进行汇款操作，更不能证明实际控制或操作这部分中间账户的人对于账户内资金的来源、性质是明知的。

加上，郭某慧既不是另案犯罪嫌疑人中的一员，也没有证据证实其实施上述规定中列举的犯罪行为，或存在其应当或可能预见所收取的还款款项属于犯罪所得的情形，亦不符合上述司法解释规定中对于“明知他人实施电信网络诈骗犯罪”的判断标准。况且，对于郭某慧提出将接收的款项取出并非为了转移款项，只是按照其亲属黄某歌的要求归还借款的辩解，也存在一定的合理性。

综合审查全案证据，郭某慧的行为并不符合诈骗罪的构成要件，也不符合掩饰、隐瞒犯罪所得罪中“明知系犯罪所得”的重要认定标准，根据疑罪从无的刑事审判原则，不宜认定其行为构成犯罪。

主观故意在走私类无罪案中的审查与认定

张成勇*

【主旨提要】

故意型犯罪的认定必须坚持主客观相一致的定罪原则。仅有行为人的陈述不能直接对行为人的主观故意作出正确判断，还需要通过行为人的客观行为综合案件事实才能作出正确的判定。走私类犯罪因其偷逃关税客观行为的存在，要对行为人作出无走私的主观故意从而不构成犯罪的结论，在司法实践中难度较大。通过本案的办理，辩护人经过审慎地分析案件证据和事实，结合行为人实施行为时的客观情况提出“行为人主观上不具有走私犯罪的故意，尽管是该批走私珍贵动物制品的货主，但因为缺乏主观明知，不应认定行为人构成走私犯罪”的观点。最终案件经法院审理后裁定中止审理，同意公诉机关撤回起诉。

【基本案情】

2001 年 3 月，吴某某成立香港 A 集团有限公司（以下简称香港 A 公司）从事皮具生意，并担任董事。2006 年，吴某某投资成立东 B 皮具厂加工生产皮具，但未办理工商注册手续。2015 年 3 月，香港 A 公司在未办理进口证明书的情况下委托香港某运输有限公司（以下简称香港某运输公司）为其从香港地区运输并报关进口一批原料皮至东 B 皮具厂。香港某运输公司以香港某物流有限公司的名义委托东莞某快递有限公司（以下简称东莞某快递公司）办理报关手续，并提供虚假的进口快件报关明细单给东莞某快递公司用于报

* 张成勇，广东广信君达律师事务所合伙人、律师。

关。2018年3月28日，黄埔海关常平办事处查获两批申报为“经鞣制剖层非整张非野生牛皮革”和“经鞣制剖层非整张非野生羊皮革”的原料皮共137张，各9千克。经华南濒危动物研究所鉴定，上述137张原料皮均为网斑蟒皮，该物种被列入《濒危野生动植物贸易公约》附录中。2018年12月31日，被告人吴某某被抓获。

【办案过程】

（一）控方意见

被告人吴某某作为香港A公司直接负责的主管人员，无视国家法律，逃避海关监管，走私珍贵动物制品入境，情节特别严重，其行为触犯了《刑法》第151条第2款、第4款，犯罪事实清楚，证据确实、充分，应当以走私珍贵动物制品罪追究其刑事责任，提请法庭依法判处。

（二）辩方意见

被告人吴某某主观上不具有走私珍贵动物制品的故意、客观上没有直接实施将珍贵动物制品走私入境的行为，从主客观相结合的定罪原则来看，其行为不构成走私珍贵动物制品罪。从本案证据体系来看，控方提供的证据不足以证实控罪，特别是海关缉私局侦查初期的有罪供述属非法证据应予排除，本案因证据不足，应依法宣告被告人吴某某无罪。

主要理由如下：

1. 被告人吴某某主观上不具有走私珍贵动物制品的故意、客观上没有实施将珍贵动物制品走私入境的行为，其行为不构成走私珍贵动物制品罪

从法律规定来看，走私珍贵动物制品罪是指违反海关法规，逃避海关监管，非法携带、运输、邮寄国家禁止进出口的珍贵动物及其制品，进出国（边）境的行为。本罪在主观方面只能出于故意，如果行为人不知道属珍贵动物及其制品或虽知道为珍贵动物及其制品但不知道国家禁止进出口，即使有走私的客观行为，亦不能构成本罪。从本案的实际情况来看，被告人是香港商人，其对内地法律法规并不是十分了解。特别是该批运入内地的蟒蛇皮，是其香港A公司从新加坡购入，通过正规合法的途径运入我国香港地区，正

是这种正常的商业交易行为，使香港A公司和吴某某本人都认为将其委托物流公司运入内地是正常的，不可能涉及触犯国家刑律的问题。更何况，香港A公司在委托香港某运输公司时，明确将所有进出口许可证和报关手续的办理约定为该公司的合同义务，并且依照某要求提交了所需的相关手续和单据。此后，香港某运输公司作为一家专业的进出境货物的物流公司，居然违背双方的合同义务，伪报品名将上述蟒蛇皮运入境内，这完全超出了香港A公司和吴某某的意思，同时作为承运人香港某运输公司的走私行为也不是他们所能够控制的。据此，辩护人认为吴某某没有走私珍贵动物制品的主观故意，不应认定其构成犯罪。

吴某某也没有实施走私珍贵动物制品的具体行为。首先，吴某某作为香港A公司的投资人，其不可能亲自操作所有具体的事务，该批蟒蛇皮的采购，入境香港以及委托香港某运输公司运入内地，都并非其本人经办（从被告人在案件侦查阶段提交的相关书证可以证实）；其次，在案的证据也不能证实香港A公司或者吴某某对香港某运输公司伪报品名将蟒蛇皮运入内地的行为是明知的，没有任何证据能够显示香港某运输公司的行为是与吴某某商议过或者是受吴某某指使所为，相反从相关的书证来看，香港A公司明确要求其办理所有进出口相关许可和手续，也就是说，香港A公司是要求香港某运输公司以合法的方式将货品运入内地的。假使香港某运输公司依照双方合同约定办理，如实向海关申报蟒蛇皮，即使因手续不齐无法入境，也不会存在逃避海关监管构成走私犯罪的问题。所以本案涉嫌犯罪的实质性的行为就是伪报品名的行为，而香港A公司和吴某某并没有参与和实施该行为，所以被告人没有实施走私珍贵动物制品罪的犯罪行为。

根据主客观相一致的定罪原则，现有证据无法证实吴某某符合走私珍贵动物制品罪的构成要件，应依法认定其无罪。

2. 从本案证据体系来看，控方提供的证据不足以证实控罪，应依法认定被告人吴某某无罪

本案公诉机关提交的证据主要有被告人在侦查阶段的供述、员工的证言、香港某运输公司相关人员的证言以及相关书证。纵观全案证据除了被告人吴

某某在侦查初期的几堂笔录与控罪有关外，其他证据都与控罪无任何关系。其他证据只能证实以下事实：吴某某是香港A公司和东B皮具厂的投资人；被查扣蟒蛇皮的货主是香港A公司，发往东B皮具厂加工为成品后复出口的；香港A公司将上述蟒蛇皮委托香港某运输公司合法运入内地；香港某运输公司将蟒蛇皮伪报为牛皮运入内地时被海关查扣。但其他证据并不能证实香港A公司或者吴某某明知蟒蛇皮是禁止进口的物品，同时也不能证实香港A公司和吴某某明知香港某运输公司伪报品名实施走私，更加没有证据证实香港A公司和吴某某有参与合谋或者指使香港某运输公司实施伪报品名的走私行为。只有吴某某在被抓获前期的供述与控罪有关，但是辩护人认为，该证据仍不足以证实被告人构成犯罪，理由如下：（1）被告人供述前后反复比较大，而且被告人就为何作出对自己不利的证言在法庭调查阶段已经进行了解释，辩护人认为是合理的、可信的。而被告人在法庭上所作的供述排除了其所讲的顾忌情况和诱导因素，应当以其在庭审当中的供述作为认定案件事实的依据。(被告人供述毕竟属于言词证据，相较于客观证据而言，其稳定性和证明力是相对较弱的）（2）细究其前期有罪供述的文字表达方式和专业术语，完全不像是普通商人所能够表达得出来的，由此辩护人认为存在被告人配合海关人员作虚假供述的可能性。（3）《刑事诉讼法》第55条明确规定："对一切案件的判处都要重证据，重调查研究，不轻信口供。只有被告人供述，没有其他证据的，不能认定被告人有罪和处以刑罚……"《最高人民法院关于适用〈刑事诉讼法〉的解释》在对被告人供述和辩解的审查判断一节中也明确规定："被告人庭前供述和辩解存在反复，庭审中不供认，且无其他证据与庭前供述印证的，不得采信其庭前供述。"

据此，辩护人认为，本案被告人庭前几堂认罪供述法庭不应采信，本案整个证据体系薄弱，各证据之间彼此割裂，不能形成一个完整的证据链来证实控罪。将指控的犯罪事实建立在极不稳定的被告人供述的基础之上，导致全案证据不能达到刑事诉讼法对定罪最基本的证据"确实、充分"的要求，全案证据不能相互印证，排除合理怀疑，所以恳请合议庭依法认定本案证据不足，指控犯罪不能成立，宣告被告人吴某某无罪。

（三）法院判决

该案历经2年的司法程序，其中一年半的法院审理阶段，法庭曾组织三次庭审，其中专门启动非法证据排除程序，对有罪供述取证合法性进行审查，最终检察院和法院接受辩护人的观点，由公诉机关撤回起诉，对被告人吴某某作出不起诉的决定，决定当日即释放了被告人。

【争议焦点】

1. 被告人主观上是否具有走私珍贵动物制品的故意，其行为是否符合走私珍贵动物制品罪的主客观要件。

2. 本案控方提供的证据是否达到“确实、充分”的定罪标准，海关侦查阶段的几份有罪供述，是否属于非法证据予以排除；全案证据能否证实被告人构成走私珍贵动物制品罪。

【案例评析】

本案在办理过程中，面临着对被告人涉嫌罪名的正确理解以及如何在纷繁复杂的证据中，提取出对案件性质有决定意义的证据，并运用这些证据重新认识事实，最终使案件得到正确的处理。

首先，本案被告人涉嫌的罪名属于故意型犯罪，只有对涉案物品有着确切的了解，并且明知不经许可不能入境才能构成犯罪。本案被告人在律师会见时，多次陈述由于从新加坡购买，运入我国香港地区都是正规合法的，所以并不知晓运入内地是违法的。而且上述蟒蛇皮都是人工饲养的蟒蛇，而非真正意义上的野生动物，在内地皮料市场上亦能自由购得，因此并不知运输入境是构成犯罪的。正是因其不知情才委托香港某运输公司运输，并且将报关以及办证的一切责任都委托给其办理。香港某运输公司作为专业的速递运输公司，应该知道出入境的相关规定，但是并未拒绝办理。而且如果香港某运输公司不是伪报品名，即使海关不允许运入，香港A公司和被告人也不至于涉嫌犯罪。辩护人提交了香港A公司和香港某运输公司的运输合同和收费发票作为重要证据，双方运输合同明确载明：“乙方（香港某运输公司）负责、安排及准备一切合法手续文件进入内地的海关事宜如报关、清关、商检、动植物检或濒危证等（未全面尽录手续或文件由乙方负责）。乙方如有意或无意地违背或侵犯中国国家进出口法律、法规行为，甲方不承担任何法律责任或损失，如乙方因报关手续不全或运输渠道不正确，不符合中国法律法规导致货物被没收或损害或迟误交货，乙方必须向甲方全额赔偿。”综合全案的证据，无论是在案的直接证据书证，还是相关的言词证据，均能相互印证，证实香港某运输公司负有办理入境相关合法手续的全部责任，没有办理许可证，虚报品名将蟒蛇皮走私入境的行为是其所为，香港A公司与此无关，不应追究其毫不知情的法定代表人吴某某的法律责任。

其次，本案面对的另一个难题是被告人在侦查之初的几份笔录，认可知情并实施走私犯罪。在庭审专门组织的排除非法证据的程序中，吴某某对前期有罪供述形成的整个过程作了陈述，说明了基于何种心态作出了不实的供述，并请求法庭核实。辩护人指出被告人出庭前供述存在不稳定、相互矛盾的情况，并进而深入分析庭前有罪供述和无罪辩解以及庭审中供述的合理性、真实性，以使法庭对证据的采信形成有利于被告人的内心确信，最终排除了被告人有罪供述在本案中的证据效力，依据其他在案证据审查和认定案件的犯罪事实，从而得出本案指控不能成立的结论，同意公诉机关撤回指控，无罪释放被告人。

最后，论证指控证据体系无法达到“证据确实、充分”的定罪标准，从而成功进行无罪辩护。通过全案证据的分析，辩护人提出控方所提交的证据只能证明被告人是走私蟒蛇皮的货主，缺乏直接的证据证实被告人构成控罪。这一直接证据应当是香港某运输公司相关人员的证言，除非能够证明香港A公司在托运蟒蛇皮时直接授意香港某运输公司伪报品名或者和其有犯意的沟通，否则就不能因为查获走私而认为货主构成犯罪。

经过上述有理有据的分析和论述，该案终于取得了良好的辩护效果。案件从被告人被羁押至判决长达2年多的时间，在此期间，律师除了会见、阅卷的奔波之外，还起草多份法律文件给办案机关，其中的辛劳和付出只有刑辩律师才能体会。故而严谨、负责、专业是有效辩护的前提。有效辩护更建立在对所涉罪名充分的理解和把握以及对案件事实的深入分析的基础上，抓住案件焦点，充分运用有利的证据，依据事实和法律作出令人信服的阐释，用理性的辩护说服法庭和控方公诉人，使“疑罪从无”的原则在个案中落到实处。

走私案件的管辖及罪数的认定

——曹某某走私国家禁止进出口的货物案

韩 栋*

【主旨提要】

走私犯罪案件的刑事管辖权看似明确，但在司法实践中仍然存在争议，导致刑事管辖范围不清，降低了刑事诉讼效率。此外，由于《最高人民法院、最高人民检察院、海关总署、公安部、中国海警局关于打击粤港澳海上跨境走私犯罪适用法律若干问题的指导意见》（署缉发〔2021〕141号）的发布，对认定绕关走私行为的罪数也产生了重要影响。因此，以下将结合案例，重点围绕走私案件的刑事管辖以及绕关走私的罪数认定两方面进行阐述。

【基本案情】

（一）案件流程

本案由广州市公安局番禺区分局侦查终结，以被告人曹某某涉嫌走私国家禁止进出口的货物、物品罪，走私普通货物罪，向广州市番禺区人民检察院移送起诉，后该院向广州市番禺区人民法院提起公诉。广州市番禺区人民法院将案件退回广州市番禺区人民检察院，并将案件移送至广州市人民检察院审查起诉，后该院以被告人曹某某涉嫌走私国家禁止进出口的货物罪向广州市中级人民法院提起公诉。

（二）案件事实

广州市中级人民法院审理查明：被告人曹某某、潘某某为谋取非法利益，

* 韩栋，北京德和衡（广州）律师事务所专职律师。

受他人指使纠集并组织同案人李某某、刘某某等人运输走私货物。2021 年 4 月 3 日，被告人曹某某将被告人潘某某及同案人李某某、刘某某等人拉进押运走私货物的微信群，曹某某、潘某某指示群内其他押运人当晚在约定地点集中，由被告人潘某某驾车将押运人带至某大桥桥底附近并负责望风、安排押运人派号跟车。次日凌晨 3 时许，押运人按照被告人潘某某在微信群内提供的导航路线陆续离开现场。当日凌晨 4 时许，同案人李某某、刘某某等人在准备跟车或等待派号跟车离开现场时被抓获，现场缴获吊车 1 台、货车 3 辆及车载货物一批。

经鉴定和计核，现场缴获的货车所载货物有来自德国、巴西的冻品共计 39.76595 吨，货值共计 143.267329 万元。其中，来自疫区的冻品共计 25.70595 吨，货值 92.765329 万元，来自非疫区非准入的冻品共计 6.46 吨，货值 23.902 万元；来自非疫区准入冻品共计 7.6 吨，计税价格 12.956649 万元，偷逃税额 11.052021 万元。

广州市中级人民法院认为：被告人曹某某无视国家法律，为谋取非法利益，结伙走私国家禁止进出口的货物入境，其行为已构成走私国家禁止进出口的货物罪。

【争议焦点】

1. 如何确定本案的刑事审判管辖权。
2. 本案应当认定为一罪还是数罪。

【案例评析】

（一）本案的刑事审判管辖权由中级人民法院行使更为适宜

上述办案流程反映出本案的刑事审判管辖权历经了两级人民检察院、人民法院后才得以确定。从诉讼效率上看，本案的案件流转程序相对烦琐，与正常刑事诉讼程序相比，多付出了一倍的程序成本才得以完成，这明显未能最大化节约司法资源，不当地增加了当事人、办案机关的诉累。究其根本，造成降低本案诉讼效率的原因是未能及时、准确地认定走私案件的刑事审判管辖权。而这一现象的出现并非个例，也反映出司法实践中对走私案件的刑事审判管辖权的确存在适用困惑。

1. 认定本案由基层人民法院审理的理由

《刑事诉讼法》第20条至第23条明确划分了基层人民法院、中级人民法院、高级人民法院、最高人民法院的刑事审判管辖权。其中，中级人民法院管辖的案件包括危害国家安全、恐怖活动案件，可能判处无期徒刑、死刑的案件。根据《刑法》第151条、第153条的规定，走私国家禁止进出口的货物、物品罪的主刑为有期徒刑，走私普通货物、物品罪（单位犯罪）的主刑为有期徒刑，走私普通货物、物品罪（自然人犯罪）的主刑为有期徒刑、无期徒刑。

具体到本案，即使认定为两个罪名，但基于现有案件事实也不属于中级人民法院的管辖范围。首先，走私国家禁止进出口的货物、物品罪的主刑仅为有期徒刑。其次，根据《最高人民法院、最高人民检察院关于办理走私刑事案件适用法律若干问题的解释》的规定，被告人曹某某对应的偷逃税款数额并不属于可能判处无期徒刑（偷逃应缴税额在250万元以上的）的法定刑幅度范围。因此，本案应当由基层人民法院管辖，所以最初本案才会向广州市番禺区人民法院提起公诉。

2. 认定本案由中级人民法院审理的理由

1998年最高人民法院、最高人民检察院、公安部、司法部、海关总署联合发布的《关于走私犯罪侦查机关办理走私犯罪案件适用刑事诉讼程序若干问题的通知》（署侦〔1998〕742号）详细规定了走私刑事案件的办理程序，如审查批准逮捕、审查起诉、一审法院的级别管辖范围。其中，第5条至第7条规定，提请批准逮捕时，应将案件材料、证据，直接移送至侦查机关所在地的分、州、市级人民检察院审查决定。已侦查终结的案件，应将案件材料、证据，移送至侦查机关所在地的分、州、市级人民检察院审查决定。人民检察院认为走私犯罪嫌疑人的犯罪事实已经查清，证据确实、充分，依法应当追究刑事责任的，应当依法提起公诉。对于基层人民法院管辖的案件，可以依照《刑事诉讼法》第23条的规定，向当地中级人民法院提起公诉，人民法院应当依法作出判决。

2002年最高人民法院、最高人民检察院、海关总署联合发布的《关于办理走私刑事案件适用法律若干问题的意见》也再次重申了走私案件的管辖依据署侦〔1998〕742号执行。

具体到本案，依据上述规定，适格审查起诉机关应当为广州市人民检察院，而非广州市番禺区人民检察院。而从诉讼经济和司法实践的角度来看，本案由广州市中级人民法院管辖更为适宜。首先，广州市人民检察院的同级法院为广州市中级人民法院，若将案件交由基层人民法院审理，同样将会额外增加诉讼程序，拖延诉讼效率。其次，走私案件案情复杂，涉及人员众多，专业性强，而经过逐级遴选后担任中级人民法院的法官经验更为丰富，更有利于准确、全面地把握案件情况，推进诉讼程序。最后，对于走私普通货物、物品罪，走私国家禁止进出口的货物、物品罪而言，这两类罪名基本上在广东省内均是由中级人民法院管辖，基层人民法院管辖的情形较少。

综上所述，准确划分走私刑事案件的管辖权既是办案机关受理案件的重要基础，也是辩护人需要着重关注的辩护方向。司法公正既包括实体公正，也包括程序公正，而辩护人帮助当事人获得适格的管辖机关，也是维护当事人合法权益的体现，促进了程序公正。

（二）本案应当认定被告人的行为构成走私国家禁止进出口的货物罪一罪，而非构成走私国家禁止进出口的货物罪、走私普通货物罪数罪并罚

本案广州市番禺区人民检察院起诉认定被告人曹某某在整个绕关走私过程中同时构成走私国家禁止进出口的货物罪、走私普通货物罪，而广州市人民检察院起诉认定被告人曹某某的行为仅构成走私国家禁止进出口的货物罪，最终广州市中级人民法院也认可广州市人民检察院指控的罪名。对比来看，相同的案件事实，被告人却存在差异性的罪数认定，一个结果为一罪，另一个结果为数罪并罚。而回本溯源，造成这一现象的根本原因是法律规范的变化，进而对未结案件产生波及效力。

2021年12月14日，《最高人民法院、最高人民检察院、海关总署、公安部、中国海警局关于打击粤港澳海上跨境走私犯罪适用法律若干问题的指导

意见》对非设关地走私冻品的罪名适用作出了明确规定，即“非设关地走私进口未取得国家检验检疫准入证书的冻品，应认定为国家禁止进口的货物，构成犯罪的，按走私国家禁止进出口的货物罪定罪处罚”。依据这一规定，非设关地走私进口的冻品无论其原本货物属性如何，均应定性为禁止进口的货物，均适用走私国家禁止进出口的货物罪，均应认定为一罪。同时在入罪标准上为疫区冻品、非疫区冻品以及原产地不明的冻品采取不同的数量标准和价值标准。

具体到本案，署缉发〔2021〕141 号的生效日期为 2021 年 12 月 14 日，而被告人曹某某的行为发生于该规定生效之前，同时在该规定生效后案件也尚未办理完结。因此，关于被告人曹某某的罪数问题实质为判断署缉发〔2021〕141 号的效力是否及于本案。

1.《刑法》的时间效力

根据《刑法》第 12 条的规定，中华人民共和国成立以后本法施行以前的行为，如果当时的法律不认为是犯罪的，适用当时的法律；如果当时的法律认为是犯罪的，依照本法总则第四章第八节的规定应当追诉的，按照当时的法律追究刑事责任，但是如果本法不认为是犯罪或者处刑较轻的，适用本法。本法施行以前，依照当时的法律已经作出的生效判决，继续有效。依据上述规定，我国刑法的时间效力坚持“从旧兼从轻”原则。

2. 刑事司法解释的时间效力

根据《最高人民法院、最高人民检察院关于适用刑事司法解释时间效力问题的规定》(高检发释字〔2001〕5 号) 第 2 条至第 4 条的规定，对于司法解释实施前发生的行为，行为时没有相关司法解释，司法解释施行后尚未处理或者正在处理的案件，依照司法解释的规定办理。对于新的司法解释实施前发生的行为，行为时已有相关司法解释，依照行为时的司法解释办理，但适用新的司法解释对犯罪嫌疑人、被告人有利的，适用新的司法解释。对于在司法解释施行前已办结的案件，按照当时的法律和司法解释，认定事实和适用法律没有错误的，不再变动。

依据上述规定，刑事司法解释的时间效力分为三部分：一是生效前已办结的案件不再适用；二是行为时无司法解释，司法解释生效后尚未处理或正在处理的，按照司法解释处理；三是行为时有司法解释，新司法解释生效后尚未处理或正在处理的，按照“从旧兼从轻”原则处理。

本案中，署缉发〔2021〕141号规定本身并不属于刑事司法解释，但由于发文单位包括最高人民检察院、最高人民法院，因而在适用时可以作为办理该类案件的重要参考。一般来说，数罪并罚的总和刑期要高于一罪的刑期，并且在本案中，经过与承办检察官沟通，其也认为单一罪名的刑罚相对较轻。因此，无论是参考高检发释字〔2001〕5号规定的第2条还是第3条，对于当事人而言，本案适用署缉发〔2021〕141号规定认定为一罪均更为有利。

综上所述，准确认定法律规范的时间效力，既能帮助办案机关降低刑事错案风险，维护法律的公信力，同时也能为当事人提供有效的法律服务，达到有效辩护的效果。尤其是在法律规范发生变化的情形下，辩护人应当具有敏锐的洞察力，高效帮助当事人分析利弊，提供准确的辩护方向，共同为实现司法公正而努力。

是罪名错误，还是“认罪认罚”制度下的妥协

张 珩*

【主旨提要】

船舶运输企业，在物流网承接到运输业务后，通过彩信方式与客户签订《航次运输合同》。物流公司在明知自己只有内海运输资格，且客户不能提供合法单证的情况下，通过客户给出的坐标位置，安排船只前往位于台湾海峡浅海区装载海砂后返回，在珠江口被海警查获，并按走私普通货物罪立案。该行为是否构成走私普通货物罪，以及是否应以《刑法》第153条规定的走私罪正犯进行定罪量刑是本文讨论的重点。

【基本案情】

2019年10月，被告单位江苏某物流公司通过电话和彩信方式，与货主康某（另案处理）签订福建港口至广州港口，货到付运费的《航次运输合同》后，该物流公司在明知自己仅能从事国内沿海省际普通货物运输和所运输货物是海砂但货主方无法提供合法单证的情况下，仍按照货主康某提供的坐标地点，安排“海5”散货船前往台湾海峡浅海区，从两艘不知名的抽砂船装载一批海砂后返回广州，在珠江口沙角锚地被中国海警局直属某局（以下简称侦查单位）查获，当场扣押该船及船上海砂约60000吨，船长洪某被刑事拘留。第三日，接到侦查单位通知的物流公司法定代表人肖某前往侦查单位，就承运过程向办案人员作出说明，并为洪某办理了取保候审手续，其后又配合办案单位办理船舶解封、海砂拍卖等手续。其间，肖某多次与办案单位联

* 张珩，广东蕴德律师事务所高级合伙人、专职律师。

系，就如何处理公司进行咨询并表示自己和公司均会无条件配合。

2020年11月，广州市人民检察院（以下简称检察院）作出逮捕决定，侦查单位派员前往肖某家中将其抓获并带回广州羁押，《逮捕通知书》案由为“涉嫌走私普通货物罪”。后经鉴定，该批海砂为中砂，价值840万余元。经黄埔海关核定，偷逃应缴税额88万余元。被扣海砂拍卖金额500万元，被告单位未收到运费。

接受委托后，辩护人向检察院提交《律师意见书》，认为：1. 案涉的运输行为应按《刑法》第156条的规定，以帮助走私定性，以从犯论处；2. 肖某具自首情节；3. 价格鉴定结论错误，计核偷逃税额的价格来源应首选“真实成交价格”即以侦查单位查明的境外采购价格、运费，按FOB价格（270万余元），或按拍卖成交价格（约500万元）计核，而不应为价格鉴定机构依据《价格法》（该法第2条明确规定，本法只适用于“在中华人民共和国境内发生的价格行为”）认定的840余万元；4. 肖某自愿认罪认罚，愿意按照计核结果退缴89万元。同时，肖某家人代其向检察院退缴89万元。另外，检察院向侦查单位发函询问到案经过，答复为“现场抓获未反抗”。2021年2月，检察院对肖某取保候审，作出“给予犯罪单位判处罚金88万余元”，对肖某判处“有期徒刑2年3个月，并适用缓刑”的量刑建议。肖某本人对该量刑建议全盘接受。

一审法院认为，被告单位逃避海关监管，将货物走私入境，其行为已构成走私普通货物罪。被告人肖某作为直接负责的主管人员，构成走私普通货物罪……肖某作为被告单位及涉案船只的实际控制人，现不能确保其无再犯的危险，依法不对其适用缓刑。遂按照《刑法》第153条第2款之规定，判决肖某犯走私普通货物罪，判处有期徒刑2年3个月并当庭执行逮捕。肖某不服，上诉至广东省高级人民法院。检察院同时提出抗诉。

二审期间，辩护人认为公诉机关、一审法院对肖某在被刑事立案前1年已经以法定代表人身份，配合侦查机关调查，如实、详细陈述了该次运输业务的全部承揽、交易过程，积极配合案涉船只的扣押、解封，为船长提供担保办理取保候审等；侦查机关的两份《询问笔录》记载内容与其被逮捕后的

《讯问笔录》内容基本一致，均如实、完整说明案涉经过等，且侦查单位的《立案审批表》等亦显示立案之初并未将肖某列为犯罪嫌疑人。根据《最高人民法院关于处理自首和立功具体应用法律若干问题的解释》第 1 条第 1 项的规定，上诉人符合“尚未受到讯问、未被采取强制措施时，主动、直接向公安机关、人民检察院或者人民法院投案”的条件，应以自首论。并据此分别向二审法院和侦查单位提交调取证据申请书。后侦查单位向二审法院出具《到案情况说明》，确认了在 2019 年 10 月案涉船只被查获后，依法对肖某进行了讯问，其基本能够陈述案件相关经过和事实，侦查单位未对其采取强制措施；将近一年后，侦查单位对船长洪某取保候审时，肖某主动提出其是否也需要采取相应的强制措施，并愿意承担相应的法律责任；……2020 年 11 月，侦查人员在肖某家中将其抓获时，肖某无任何拒捕行为并表示愿意接受调查；……未发现其存在逃避侦查行为。

二审法院收到辩护意见及侦查机关的《到案情况说明》后，采纳了律师的辩护意见，认为肖某具有投案的主动性和自愿性，可认定为自首。二审判决维持原审“系走私行为的直接实施者”和“犯罪数额”的认定，以二审期间出现新证据，证实肖某具有自首情节，可以从轻或者减轻处罚，改判有期徒刑 1 年 3 个月。

【争议焦点】

1. 运输“未取得海砂开采海域使用权证，且未取得采矿许可证”采挖的海砂入境是否构成走私普通货物罪，以及如果构成该罪，应适用《刑法》第 153 条以走私罪正犯定性，还是按第 156 条以帮助犯定性。

2. 没有境外采购价格的，该如何确定货值并计核偷逃税额。

【案例评析】

深究本案被告单位的身份、运输资格、装砂地点、所起作用，笔者（辩护人）始终认为本案不构成走私普通货物罪。

首先，尽管卷宗材料提供的装砂地点为位于“台湾海峡浅海区”的某个在12海里以外的坐标点，被告单位也确实不能在内海以外区域从事运输活动，但就本案而言，案涉船只的装砂地点仍属于我国的“专属经济区”，海砂系现场吸砂后装船，换句话说，案涉海砂是“没有出口方”的货物。

其次，国际公法对“专属经济区”的定义是：“这一区域内沿海国对其自然资源享有主权权利和其他管辖权”，“在此区域内沿海国为勘探、开发、养护和管理海床和底土及其上覆水域的自然资源的目的，拥有主权权利”。也就是说，产自该区域的海砂，是源于我国自有的自然资源，是“境内货物”。而我国海关对走私的定义是：“违反海关法和国家其他有关法律、法规，逃避海关监管，非法运输、携带、邮寄国家禁止进出境的物品、国家限制进出境或者依法应当缴纳关税和其他进口环节代征税的货物、物品进出境。”即案涉海砂并无“进出境”，又何来“进口环节税”？

该案以走私普通货物罪定罪量刑，就本案二审改判结果来看，算是“成功”，在该案办理过程中，笔者最终接受走私普通货物罪之罪名，同意量刑建议，一审庭审时放弃自首、货值等的辩护意见，均是对当事人意见和“认罪认罚”制度的妥协，从此角度看，这是一个“失败”案件。

证据存疑获"一线生机"

——陈某明贩毒死缓案

钟宇明　何锦浩*

【主旨提要】

陈某明贩毒案是由公安部督办的大案，该案基本事实清楚，证据总体充分，为了最大限度保护当事人的合法利益，辩护人根据有关事实和法律，抽丝剥茧，充分利用和根据陈某明毒品来源存疑这一点，让法官根据存疑利于被告的原则，对陈某明作出从轻处理，既没有放松对其贩毒的惩办，又给予陈某明初次犯罪悔罪自新、重新做人的机会。对于真正落实最高人民法院"少杀慎杀"的刑事司法政策有重大指导意义。

【基本案情】

2016年11月8日凌晨，被告人程某祥打电话给被告人陈某明，要求购买7000克甲基苯丙胺。二被告人谈好价格为每千克3.3万元。陈某明随即与毒贩胡某彬联系，以每千克3.2万元购买了程某祥约购的甲基苯丙胺。11月8日晚10时，陈某明接到程某祥后，约定次日进行毒品交易。11月9日上午，陈某明带程某祥到路边废弃的一间民房内，将7050克甲基苯丙胺贩卖给程某祥，并收取毒资23.1万元。当日下午1时许，程某祥携带该批毒品冰毒乘车返回，在乘坐大巴时被公安机关抓获。民警当场从其携带的背包里查获了疑似毒品冰毒7包，经称重，该7包疑似冰毒共净重7050克，经鉴定其中甲基苯丙胺含量为71.9%~73.8%。2016年11月9日下午，公安民警将陈某明抓

* 钟宇明，广东启源律师事务所高级合伙人、执业律师；何锦浩，北京德和衡（广州）律师事务所律师。

获，并在其内衣袋内查获毒品2包，净重49.2克，均检出甲基苯丙胺成分。

【办案过程】

（一）代理意见

1. 本案证据方面存在明显硬伤

（1）有关7公斤冰毒如何被带到交易现场未能查清

根据陈某明和程某祥的供述均印证7公斤冰毒系事先被人放置于破房子里的。至于是谁事先放置的，现有证据无法查清。

假如，按陈某明自述是自己购买的毒品与程某祥在破房子里完成交易，推定是由陈某明提前采购并事先放置在破房子里的，则以下重要事实没有充分证据予以佐证或者以下疑点无法作出合理解释：

第一，陈某明何时找胡其彬买入毒品？花了多少钱？是全款还是赊账？如全款，则钱来自哪里，付款记录何在？侦查机关调取陈某明银行账户并无大笔毒资的流水记录。如赊账，为何胡某彬会同意，是否有足够信任或担保？双方在哪里交接？一次买入还是多次买入？

第二，陈某明为何要提前将冰毒放置在破房子里？按照双方之前的交易习惯，直接在旅馆交易不是更高效快捷吗？陈某明将价值20多万元的毒品放置在无人的破房子里，万一丢失了怎么办？出现“黑吃黑”怎么办？如此昂贵的物品，对于一贫如洗的陈某明来说，一旦丢失则意味着天塌下来了，陈某明这样的做法符合他的实际情况吗？

第三，破房子的地点就在隆江派出所附近，陈某明为什么要选择在这种极其危险的地方交易呢？经实地勘查后发现，其住宿地点附近也有很多可以正常交易的地点，可以选择的范围非常大，为何陈某明非要走T字形线路完成交易？按照该行进路线，陈某明需要来回三次携带毒品或毒资途经派出所及镇政府，为何要冒着如此巨大的风险赚1000元差价？

因此，辩护人认为，只有被大毒枭实际控制整个过程，完全牵着陈某明或程某祥的鼻子走，才会出现本案非常奇特的交易情形。

（2）有关 23.1 万元毒资由谁带走了未能查清

根据庭审中查明的事实，毒品交易完毕后，陈某明将钱收好并放在破房子里，单独送程某祥去车站坐车。如果钱最终被陈某明拿走，那陈某明为何要如此冒险，直接带走不可以吗？留置在交易现场，万一钱被其他人偷了怎么办？如果陈某明将钱带在身上，为何程某祥说没有看到陈某明拿钱送他？如果陈某明拿钱送程某祥则需途经派出所及镇政府等国家机关单位，万一事情败露被人赃并获岂不是更加糟糕？

（3）本案中谁是真实交易主体不清楚

如果 7 公斤冰毒是陈某明事先购买并提前放置在破房子里的，那么，证据何在？本案中，既没有陈某明购买毒品的记录，也没有陈某明放置毒品在破房子里的证据。

如果按照陈某明的第三种说法，陈某明仅仅跟胡某彬电话联系说需要毒品，但自始至终并未付款，胡某彬也对陈某明不够信任，毒品自始至终均牢牢掌控在胡某彬手中，具体的交易时间和交易地点均由胡某彬来安排的话，则该毒品的所有权从未发生变化，在交易前一直由胡某彬实际持有并控制，在付款后转移给了程某祥。

（4）侦查机关没有进行现场勘查和现场指认

作为重大毒品案件，本案的侦查机关并未组织侦查人员进行现场勘验并得出现场勘验笔录或者现场勘验报告，也未对交易现场进行相关物证或痕迹方面的提取，比如纸箱上是否有陈某明的指纹，破房子里是否有之前陈某明遗留的脚印，现场是否遗留交易的塑料胶袋，破房子里是否遗留毒品的残渣。是不是只要陈某明和程某祥自认是 7 公斤冰毒的交易人员，就可以认定为案件事实清楚、证据确实充分了？

2. 本案指控事实与案件事实存在偏差

本案有关案件事实存在的争议和分歧有待厘清，陈某明并非程某祥的上家，胡某彬才是程某祥的上家，陈某明是胡某彬的帮助犯，因此应当构成共同犯罪中的从犯。

第一，按照交易习惯和常情常理，家里一贫如洗的陈某明不可能拿出 20

多万的巨款来拿货，继而完成后续与程某祥的毒品交易。所以陈某明并非毒品所有人，胡某彬才是。

第二，毒品的实际交易时间和地点由胡某彬控制，并非陈某明安排，如果陈某明能够安排，在当天接到程某祥的晚上，就能够直接当场交易，为何还多此一举推迟到第二天早上，还要驱车10多分钟到破房子里交易呢？

第三，实际交易过程与常情常理相悖，足以推定陈某明系受人控制和摆布。如果陈某明事先购买毒品，那么在旅馆交易最为妥当合理，陈某明随身携带到处奔忙以及提前放置在空房子里再接程某祥前往交易，都不符合正常的交易习惯和常情常理。

第四，陈某明的收益极小，与帮助犯的角色相互匹配。因此陈某明属于帮助犯，受指使、受雇佣而参与了本案的贩卖毒品，且收益小、地位较轻。除此之外，本案属于控制下交易，毒品未流入社会，社会危害性有所减轻，对社会没有造成实际损害结果。且陈某明坦白，认罪态度比较好，有悔罪表现又系初犯，具备改造空间。其并非犯意发起者，其罪责略轻于同案人程某祥。胡某彬尚未归案，现有证据尚不足以认定陈某明系罪责最为严重的主犯。

（二）判决结果

法院根据本案的具体情节，对陈某明从轻处理，判处死刑，缓期2年执行，剥夺政治权利终身，并处没收个人全部财产。

【争议焦点】

陈某明贩卖毒品来源存疑，定罪量刑是否可以从轻处理。

【案例评析】

事实认定是否符合案件的客观真相，直接决定了量刑是否符合实体公正。就司法逻辑而言，事实认定是第一位的，法律适用是第二位的；但就法律价值的实现而论，法律适用更为重要。本案辩护律师从案件的基本事实出发，对整个案件进行抽丝剥茧式的分析，从贩卖合意、交货的方式及时间地点、毒品的价款、毒款的支付四个方面对被告陈某明的行为进行具体分析，从证据链、各方证词、现场勘查过程中找出不合理之处，再从刑法理论上列出不能排除合理怀疑之处。在司法实践中，侦查、指控的犯罪事实，每一个都不可能是孤证，因此如果四个待证事实中的任何一项没有达到证明标准，那么这个贩卖行为就很有可能会因为证据不确实、不充分而不能排除合理性怀疑。律师按照这一思路，认真推敲案件的每一个细节，首先从其他被告人的供述中找出不合理之处，再从刑法理论上列出不能排除合理怀疑之处，提出“陈某明表面上是7公斤冰毒的卖家，但实际上很可能是胡某彬的帮助犯”的重大疑点，在毒品来源、毒资去向、胡某彬的角色地位等无法查实情况下，对陈某明的审判应当保留余地，酌情从轻处罚。

最终，本案一审法院采纳了辩护人提出的从轻处罚的辩护意见，成功将陈某明从第二位降至第四位，刑罚裁量也有所保留，为委托人争取到了有利的判决结果，本案最终判决酌情从宽判处陈某明死刑缓期执行，不仅符合我国刑法对贩毒的法律规定，表明了司法机关从严惩处毒品犯罪的决心，有力地震慑了犯罪分子，发挥了刑罚惩罚、遏制毒品犯罪的作用，同时也体现了司法的人文关怀，传递司法的温度，实现了法理与情理的平衡。

共同犯罪中主观故意、客观行为的认定思路

——黄某某非法采矿不起诉案件案例分析

廖 翀　　任 艳*

【主旨提要】

与涉黑案件有关联的非法采矿犯罪案件中，当事人黄某某作为发生非法采矿犯罪事实的工地总负责人，在被非法采矿罪的部分犯罪嫌疑人指认的情况下，一般难以得到无罪的裁判结果。辩护人会见时，向当事人详细解释了法律规定，当事人仍表示自己未参与犯罪。本案例重点解决以下两个问题：

（一）如何选择辩护策略

本案当事人的同案犯罪嫌疑人中，有五人在当事人委托我所前已经被检察机关以组织、领导黑社会组织罪、强迫交易罪、诈骗罪、职务侵占罪、非法采矿罪批准逮捕，同案犯罪嫌疑人的案件性质涉黑，在当地影响大，涉案人员众多。

如果当事人参与犯罪，根据本案犯罪情节、当事人参与程度及近五年来广州的同类判例，其侦查阶段认罪认罚有被取保候审的可能。如果当事人未参与犯罪，本案作为与涉黑案件有关联的非法采矿犯罪案件，当事人作为案发工地“三平一整”项目的总负责人，在该工地实施非法采矿犯罪行为的部分参与人指认其指使非法采矿行为且有获利的情况下，做无罪辩护的成功率有多大，应如何理性选择辩护策略。

（二）辩护意见分析的角度

结合阅卷情况及当事人陈述，辩护人认为当事人构成犯罪的事实不清、

---

* 廖翀、任艳，广东连越律师事务所律师。

证据不足，辩护意见从以下几个角度入手：根据现有证据，是否能证明当事人实施了非法采矿犯罪的行为；是否能证明当事人具有非法采矿犯罪的主观故意；涉案矿产性质的鉴定未作出；涉案矿产品的价值未证明；转账数额不等于销赃数额等。

【基本案情】

（一）公安机关移送审查起诉认定的事实

2017 年 5 月至 2017 年 11 月，魏某甲、刘某某、方某某、魏某乙等人联合黄某某、雍某某、桂某某等人在广州市某区某小学旁的农田等地盗挖黑泥，先后由黑泥买家华某某、罗某某、谭某某购买，由魏某乙负责管理以及对数，总出货量约 20000 多吨，非法获取经济利益。其中魏某乙每吨分成 1 元，刘某某、雍某某每吨分成 2 元，余下每吨 4 元则由刘某某分成给魏某甲和方某某。剩余利润由黄某某等人获得。黄某某获利部分由魏某乙通过现金的形式交给郑某某。刘某某、魏某乙、雍某某、黄某某等人至少非法获利 645329 元。

（二）辩护过程

辩护人经多次会见当事人，了解到当事人虽然是案发工地“三平一整”项目的总负责人，但其对非法采矿的事实未参与且未获利，当事人坚持自己未参与犯罪，要求作无罪辩护。辩护人阅卷后，综合全案证据及当事人陈述，发现证明当事人参与非法采矿犯罪的事实不清、证据不足，遂多次与检察机关沟通，并提交辩护意见，从当事人实施涉嫌犯罪的客观行为、主观故意、涉案矿物鉴定等方面提出认定本案当事人涉嫌犯罪的事实不清、证据不足的无罪辩护意见。辩护意见简要内容如下：

1. 证实犯罪嫌疑人黄某某实施了非法采矿犯罪行为的证据不足

本案非法采矿的事实发生于犯罪嫌疑人黄某某承包的工地范围内。工地现场关于清淤的施工要求是将挖出来的湿土在工地范围内晾晒，晒干后重新回填。同时，因为工地现场回填土不够填平，还需要额外购买砂、土补充填平。根据《国土资源部关于开山凿石、采挖砂、石、土等矿产资源适用法律问题的复函》第2条的规定，这是合法施工行为。犯罪嫌疑人黄某某作为负责人，其了解到的施工技术要求是：该建设单位内施工挖出的土仅限原地使用，不存在将施工发现的土投入流通领域以营利的情况，否则额外购买填土反而会增加费用，且黄某某从未指使他人将挖出的土予以销售营利，亦未获得分赃。

2. 证实犯罪嫌疑人黄某某具有非法采矿主观故意的证据不足

第一，犯罪嫌疑人黄某某虽为项目负责人，但具体的施工操作不是其本人负责，其只是偶尔到工地现场，对工地是否存在黑土外运、销售营利一事并不知情。

第二，工地现场没有围栏，附近工地的车辆均可通行，无法判断进出车辆是不是自己工地的车辆。

第三，犯罪嫌疑人黄某某不知工地挖出的土是属于矿产资源的黑泥，对矿产资源没有鉴别能力，且没有具体的参与行为。

因此，犯罪嫌疑人黄某某不具有非法采矿的主观故意和实施行为，现有证据难以证实其涉嫌非法采矿罪。

3. 尚未对涉案“黑泥”是否属于矿产资源作出鉴定，且目前已无法取得与盗挖现场同一物的检材

第一，非法采矿罪的犯罪对象是矿产资源，涉案“黑泥”尚未被鉴定，无法确定是否属于矿产资源，盗挖“黑泥”的行为不能认定为犯罪行为。

第二，本案涉嫌盗挖“黑泥”的现场，挖出来的土性质不稳定，现已无法作出真实、客观、准确的鉴定意见。

第三，本案无法得到与2017年涉案“黑泥”的同一物检材。首先，本案涉嫌盗挖“黑泥”的现场已被破坏，无法得到与2017年涉案“黑泥”的同一物检材；其次，本案涉嫌盗挖“黑泥”的现场没有明确标线，在该现场之外得到的检材与2017年涉案“黑泥”不具有同一性；最后，未找到本案涉嫌盗挖的“黑泥”原物，无法证明运出的“黑泥”属于什么矿产。时隔4年抽检的土壤无法客观、真实地反映出2017年涉案区域地下土壤的性质，目前已无法就“黑泥”的性质作出真实、客观、准确的鉴定意见。

4. 现有证据尚无法证明涉案矿产品的价值，无法确定是否达到立案追诉标准

第一，“黑泥”尚未被鉴定为矿产资源，故无法确定涉案矿产品价值。

第二，本案需要对矿产品价值进行鉴定，才能判断是否达到立案追诉标准。

由于尚未明确涉案“黑泥”是否属于刑法所认定的矿产品，且无法确定涉案“黑泥”的价值是否达到非法采矿罪的立案追诉标准，故本案定罪量刑的证据不足，无法认定黄某某涉嫌非法采矿罪。

5. 转账记录与“黑泥”价值不存在必然对应关系，不能认定为销赃数额

第一，无法证明转账记录是矿产品的对价，“黑泥”尚未确定为矿产品。

第二，转账记录对应的交易不排除“黑泥”之外的其他物质。不排除交易非矿产品性质的填充土，本案施工现场有运输不同特征的土、被运输的土中有各种物质混杂。

第三，转账记录对应的交易不排除魏某乙、雍某某、刘某某私自操作所得。根据某镇国土所的《国土资源动态巡查工作记录表》可见：本案涉案期间，挖土、建房的主体很多，不能排除当时过磅、运输的土是本案犯罪嫌疑人以外的人的，因此不能以过磅单据来推断涉案“黑泥”的数量；魏某丙仅在 2017 年 8 月至 9 月就有 2 次挖土、建房被国土所巡查的记录，不排除魏某乙私下安排魏某丙挖土后，魏某乙私自卖出获利且未经费某某等其他人员同意，不排除魏某乙获得的卖土对价是其个人安排、个人获利且未给郑某某、费某某或者其他同案人员的可能；不排除雍某某、刘某某有私自安排人员挖土，并私自卖出获利且未经费某某等其他人员同意的情形，不排除其二人获得的卖土对价是其个人安排、个人获利且未给郑某某、费某某或者其他同案人员的可能。

同时，辩护人对证据不清晰、不完整的部分进一步申请阅卷。

（三）不起诉的理由与结果

本案经检察机关二次退回公安机关补充侦查，检察机关认为：公安机关认定的犯罪事实不清、证据不足，不符合起诉条件。理由是：难以认定被不

起诉人黄某某参与涉案非法采矿犯罪中如何参与的犯罪故意、难以证实其在犯罪过程中有哪些具体行为及是否获得分赃款项，现有证据认定被不起诉人黄某某构成非法采矿罪的事实不清、证据不足。依据《刑事诉讼法》第175条第4款的规定，决定对黄某某不起诉。

最终，当事人黄某某在被羁押近9个月后，因检察机关不予起诉被释放。

【争议焦点】

黄某某作为工地“三平一整”项目的总负责人、该公司的实际控制人，在同案部分犯罪嫌疑人指认其是指使人、获利人的情况下，是否构成非法采矿罪。

【案例评析】

（一）单位出现有组织犯罪行为的，其实际人不一定涉嫌犯罪

本案黄某某作为工地“三平一整”项目的总负责人、该公司的实际控制人，在同案多名犯罪嫌疑人指认其是指使人、获利人的情况下，能否推定其对工地现场长达几个月的挖“黑泥”行为知情？能否推定其幕后指使并安排表弟郑某某收取了卖“黑泥”的对价？对此，辩护人在认真听取当事人意见后，结合全案证据分析，从赃款流转环节证据链断裂、指认我方的同案犯罪嫌疑人供述自相矛盾、黄某某对施工现场的实际管理程度等多角度入手，综合分析，提出证明当事人黄某某涉嫌非法采矿罪证据链断裂，事实不清、证据不足的辩护意见。

（二）在认罪认罚从宽制度下，辩护人要结合案件情况，理性选择辩护方向

根据检索情况，广州市近五年共有30份非法采矿罪的判决书，全国非法采矿罪判例中共有46份与“黑泥”相关的判决书，类案判例不多，且多数判处3年以下有期徒刑。结合判例、审判实践情况以及被不起诉人的参与程度，如果在侦查阶段选择做认罪认罚，有希望获取保候审。辩护人在仔细阅卷后，经过对全案证据分析，结合办案经验，认为本案认定黄某某涉嫌非法采矿罪

的证据的确不充分，部分事实未查清且不具有查清的可能，故坚持多次提出事实不清、证据不足不构成犯罪的辩护观点，最终获得不起诉的结果。

（三）本案向所有涉案人员及其家属作出警醒，强调对国家矿产资源的保护

建筑工地施工现场挖出具有市场价值的泥土，拉去倒卖是行业普遍现象，但该行为达到一定程度则涉嫌非法采矿罪，部分施工现场人员对其违法性认识不足。本案对所有涉案人员及其家属都是警醒，提醒大家重视对国家矿产资源及其管理制度的尊重和保护。

四、侵犯企业及个人权利类刑事犯罪辩护案例

抓住假冒注册商标案关键辩点，大幅减轻当事人刑罚

——颜某某假冒注册商标案例评析

吴安妮*

【主旨提要】

本案例是一起典型的假冒注册商标案件，该类型案件在刑事实务中最重要的就是对涉案假冒注册商标的商品实际销售价格的认定问题，这将直接影响案件的定罪量刑，尤其是罪轻罪重问题。

《最高人民法院、最高人民检察院关于办理侵犯知识产权刑事案件具体应用法律若干问题的解释》第 12 条规定："……已销售的侵权产品的价值，按照实际销售的价格计算……侵权产品没有标价或者无法查清其实际销售价格的，按照被侵权产品的市场中间价格计算……"然而，这些侵权产品的实际销售价格往往远低于正品市场价格，如果认定为正品价格，将导致案件的犯罪数额巨大，量刑随之大幅加重，而有效的刑事辩护重点在于使侵权产品的实际销售价格得以被依法认定，从而减轻当事人的刑罚。

【基本案情】

2018 年 6 月始，颜某某在未经某注册商标所有人授权、许可的情况下，在广州市某区某出租屋内生产假冒注册商标的手提包。2019 年 1 月 7 日，颜某某在上述地址被公安人员抓获，并被缴获假冒上述注册商标的手提包一批。

公诉机关指控，被告人颜某某未经注册商标所有人许可，在同一种商品

* 吴安妮，广东环球经纬律师事务所合伙人、执业律师。

上使用与其注册商标相同的商标。经鉴定，交货的假冒正品注册商标手提包以市场正品价格计算共价值1255800元。颜某某犯罪情节特别严重，其行为触犯了《刑法》第213条之规定，涉嫌假冒注册商标罪。

广州市某区人民法院依法审理后，采纳公诉机关指控的事实及法律依据，判决被告人颜某某犯假冒注册商标罪，判处有期徒刑3年，并处罚金2万元。被告人颜某某认为量刑过重，不服判决，提起上诉。在案件的二审阶段，上诉人颜某某及其家属委托辩护人为颜某某提供刑事辩护。辩护人经阅卷及会见当事人后，认为原一审判决以正品价格认定犯罪金额存在事实不清的情况，当事人能够提供侵权产品实际销售价格的相关记录和证据，在案证据也显示了相关的线索。而后，辩护律师向二审法院提交辩护意见，并提交相关证据清单（当事人手机微信聊天记录中显示的侵权产品实际销售交易记录）。二审法院经依法审理后，认为原一审认定的事实不清，裁定撤销原判、发回重审。

重审一审阶段，鉴于二审发回重审，广州市某区人民法院根据辩护人提供的证据清单，要求检察机关对本案进行补充侦查。检察机关将案件退回公安机关补充侦查，依法调取被告人的手机原件，并对被告人手机中的电子数据信息进行勘验，依法调取涉案侵权产品实际交易的相关微信聊天记录及转账记录。

最终，重审一审法院根据补充调查的证据情况（能够证明涉案侵权产品的实际销售价格），并采纳全部辩护意见，认定颜某某犯假冒注册商标罪的犯罪金额为63250元，依法判处颜某某有期徒刑1年6个月，并处罚金15000元。

【争议焦点】

假冒注册商标案件中如何认定实际销售价格、相关的证据采纳标准是什么。

【案例评析】

（一）辩护人须与当事人充分沟通，了解涉案侵权产品是否真实交易过，

是否能提供相关证据（必须有交易记录）等证明

本案中，辩护人在二审阶段介入颜某某涉嫌假冒注册商标案件后，通过查阅案卷、会见当事人及与其家属沟通，发现原一审判决认定本案的犯罪金额根据正品市场价格进行认定。但根据相关法律规定，在有实际销售记录的情况下，假冒注册商标罪的犯罪金额应当以实际销售价格进行认定。

通过辩护人对颜某某及其家属进行释法说理后，颜某某表示其生产制作的假冒手提包是有销售记录的，其想起曾使用的手机在其妻子处，还有部分买方证人可以对实际销售价格进行作证。据此，辩护人发现原一审判决遗漏认定了本案的重要事实，导致错判：颜某某实际销售的价格远远低于涉案手提包的正品价格，也即原一审判决认定的犯罪金额远远超过颜某某的实际犯罪金额，导致原一审判决对颜某某的量刑畸重。

（二）辩护人通过收集并提交新证据、提交各类申请文书，促使二审法院发现原审判决的错判，作出撤销原判、发回重审的裁定

辩护人在发现原一审判决遗漏认定案件的重要事实后，通过不断与当事人及其家属沟通，最后以颜某某的妻子向二审法院提供颜某某手机微信聊天记录截图、转账记录等新证据，辩护人向二审法院提交申请调查取证、申请传唤证人出庭的方式，促使二审法院发现本案存在重要事实没有查清、原一审存在错判的问题。最终，二审法院经依法审理后，认为原一审认定的事实不清，作出撤销原判、发回重审的裁定书。

（三）重审一审阶段，为减少当事人不必要的羁押时间，辩护人积极推进案件进展，推动案件尽快补充侦查、审理判决

辩护人在对本案进行评析后，认为颜某某被羁押的时间不应当过长，但彼时颜某某已经被羁押1年了，必须尽快推进案件审理判决，让其早日回家。为减少当事人不必要的羁押时间，辩护人积极联系重审法院，就本案向主审法官提出分析意见，多次建议法官加快办案进展。法官认真听取并采纳了辩护人的意见，敦促检察机关、侦查机关加快对本案的补充侦查进展，最后成功地克服阻力，在较短的时间内依法调取新证据并对本案重新开庭审理。

在重审一审阶段，侦查机关根据二审阶段发现的新证据，从颜某某的妻

子处调取了颜某某曾使用的手机原件一部，依法对该手机进行电子物证检查，提取了手机内的所有电子数据，并传唤了相关证人制作询问笔录。至此，本案形成了经侦查机关依法调取的、符合刑事诉讼要求的证据。

辩护人详细查阅了上述证据后，认真统计了颜某某手机内的微信聊天及销售记录，认为颜某某涉嫌假冒注册商标的犯罪数额应当远低于公诉机关在原一审时指控的金额，仅为63250元。最终，法院在重审一审阶段全部采纳辩护人提出的详尽质证及辩护意见，依法改判颜某某有期徒刑1年6个月，并处罚金15000元。

本案是一起经典的假冒注册商标辩护案例，通过有效的辩护工作，使得司法机关对当事人犯罪金额的认定从正品市场价格变更为侵权产品的实际销售价格，从而大大减少了犯罪数额，达到了使被告人相比原一审判决减刑一半、宣判不久后便释放的效果。

法定刑3年以上的缓刑辩护思路

——陈某明假冒注册商标案

吴寿长*

【主旨提要】

假冒注册商标犯罪是在经济犯罪活动中较为常见的案件类型，实务中，对于食品药品、化妆品等与人体生命健康密切相关的制假售假类型案件，司法实践一般原则上难以判处缓刑。同时，实际量刑在3年以上的被告人，也将无法获得缓刑机会。本案被告人既是制假化妆品的老板，犯罪情节又属于特别严重，法定刑为3年以上7年以下有期徒刑（2020年《刑法修正案（十一）》调整为3年以上10年以下有期徒刑）。因此，本案的难点在于，在被告人不能被认定为自首获得减轻处罚的情况下，如何通过律师的有效辩护，帮助被告人获得精准量刑为3年有期徒刑，并适用缓刑。

【基本案情】

（一）案件事实

2018年2月开始，被告人陈某明雇用多名同案人（均已判刑），在广州市白云区某无牌工厂内，生产假冒面膜与洗面奶。2018年5月16日，公安机关在工厂现场其中一个车间抓获了4名制假人员，并现场缴获假冒JAYJUN注册商标的面膜16500片、假冒NATURE REPUBLIC注册商标的芦荟胶3293瓶、生产工具2台等物品一批。后经鉴定，上述缴获物品共价值35万余元。2019年8月19日，陈某明向公安机关自动投案，但在第一次讯问笔录中对犯

---

* 吴寿长，广东国智律师事务所律师、高级合伙人。

罪事实予以否认。因此，即使被告人在其后的多次讯问笔录中均承认了犯罪事实，但依旧不能被认定为“自首”。据此，公诉机关认为，被告人陈某明的行为构成了假冒注册商标罪，且情节特别严重，依法应当判处3年以上7年以下有期徒刑。

（二）处理过程

由于本案被告人的犯罪事实清楚，且有多名工人的指证，数额方面也未有其他反证能够推翻在案鉴定意见，因此，本案应当立足于罪轻辩护。一审中，辩护律师主要从以下三个方面进行辩护：

1. 通过向被告人及其家属了解被告人未能在投案之时如实供述的真实原因。在了解后，经过评估，认为还是有向法庭如实陈述原因的必要性与现实意义的。因此，引导被告人在庭审中如实向法庭陈述是由于相信了一些所谓的“法律顾问”的错误指引，进而导致对“自首”产生了主观认识错误，最终未能在投案之时如实供述。辩护律师通过引导被告人对特殊问题的如实陈述，使得法庭相信被告人是真实自动投案的，进而达到进一步请求法庭参照“自首”情节量刑，在从轻处罚范围内，给予被告人最大限度的从宽处罚。

2. 立足于案件证据本身，假冒注册商标罪的构成要件之一就是要求被告人“使用了与其注册商标相同的商标”。本案中，虽然被告人使用的商标标识与权利人所注册的商标内容是相同的，但在案证据显示商标权人在第3类的“JAYJUN”注册商标核定使用商品服务中并没有注册“面膜”小项。也就是说，权利人的涉案商标，是否属于本案假冒注册商标罪意义下的“面膜”“注册商标”是存在一定争议的，因为现有法律并未对此作出明确规定。同时，报案人的授权手续也存在权限问题等瑕疵。辩护律师通过对商标注册证等权属证据方面问题的辩护与质证，提出了“存疑时有利于被告”原则，请求依法对被告人进行轻判，以求进一步提高被告人获得最大限度从轻处罚的可能性。

3. 从被告人的社会责任与不具有社会危险性角度考虑，尽力提交有利于被告人适用缓刑的证据。通过立足被告人的社会责任及家庭责任，指导被告人家属充分举证。最终，在辩护律师的指导下，被告人及其家属向法庭提交了被告人的企业相关资料、用工情况证明、多份自有的商标注册证等，证实了涉案工厂除了因产能过剩而生产了小部分涉案侵权产品外，其余大部分均属于合法产品，工厂主要是用于合法经营。同时，进一步向法庭提交了被告人家庭的户籍资料及子女出生证明、其妻子妊娠的医院病历等证据材料，进一步证实被告人需承担的重大家庭责任。

总之，通过被告人的多番举证，以求让法庭看到，如果被告人被判处实刑将可能导致企业倒闭，大量员工下岗等社会风险等。同时，从保护未成年人及怀孕妇女的合法权益角度考虑，适用缓刑确实具有一定的现实意义与必要性，且不具有社会危险性。

（三）裁判理由与结果

一审判决认为，被告人陈某明未经注册商标所有人许可，结伙在同一种商品上使用与注册商标相同的商标，情节特别严重，其行为已构成假冒注册商标罪。被告人陈某明自动投案并当庭认罪，可酌情从轻处罚。

最终，一审判决根据全案的性质、情节，考虑本案的犯罪数额及被告人陈某明的家庭状况、悔罪表现等，采纳了辩护律师的从轻处罚具体量刑建议，判处被告人陈某明犯假冒注册商标罪，判处有期徒刑3年，缓刑4年，并处罚金12万元。

【争议焦点】

1. 被告人自动投案后未能在第一次讯问过程中如实供述，但在其后的供述中均能如实供述，是否可以认定为自首？

2. 在假冒注册商标类刑事犯罪中，评价“使用与其注册商标相同的商标”中的“注册商标”是以注册商标的“国际分类”（大类）为限还是以申请注册的具体“类似群”（小类）为限？

3. 对被告人适用缓刑是否不具有社会危险性？

【案例评析】

本案有两个特别之处：一是被告人虽然自动投案，但未能在投案之时如实供述，进而导致即使在后面的供述中存在如实供述，且当庭认罪，也不能被认定为“自首”，因而依法不能“减轻处罚”。二是被告人虽是制假化妆品的工厂老板，但考虑到其具有自动投案的情节，而且也不是以制假为业，其工厂还有很多从事正规生产工作的工人需要被告人提供工作机会及发放工资，此时对被告人判处实刑反而不利于社会的稳定，更何况被告人家中还有多名未成年子女与处于妊娠中期的妻子需要其照顾，需要其承担家庭责任，对其判处缓刑不具有社会危险性。

法律虽然具有惩罚犯罪的功能，但其目的是保护人民。本案中，被告人确实存在制假行为，但其并不是以制假为业，而且案发后也积极主动投案，具有明显的悔罪表现。同时，一审判决考虑到了被告人家庭的实际情况与社会稳定因素，对被告人予以适用缓刑，体现了法律的温度。

对侦查机关认定涉案金额之辩护

——姚某涉嫌假冒注册商标被不起诉案

何润榕[*]

【主旨提要】

假冒注册商标罪，是指未经注册商标所有人许可，在同一种商品、服务上使用与其注册商标相同的商标，情节严重的行为。所谓“情节严重”，是指假冒他人注册商标违法所得或者销售金额数额较大、非法经营数额巨大、屡教不改、造成严重后果或者恶劣的社会影响或者国际影响。依据《最高人民法院、最高人民检察院关于办理侵犯知识产权刑事案件具体应用法律若干问题的解释》第 1 条第 1 款的规定，“情节严重”是指有下列情形之一者：1. 非法经营数额在 5 万元以上或者违法所得数额在 3 万元以上的；2. 假冒两种以上注册商标，非法经营数额在 3 万元以上或者违法所得数额在 2 万元以上的；3. 其他情节严重的情形。

对姚某涉案假冒注册商标案件，辩护人接受委托后经过会见姚某和到检察院阅卷，认为案卷中侦查机关对姚某非法经营数额的认定依据不足，结论不正确，姚某应该属于情节较轻不构成犯罪的行为，并对此展开辩护，取得了较好的辩护成果。

【基本案情】

2020 年末，姚某接到客户订单，委托其加工一批衣服。客户送来的衣服布料中，部分印有“NIKE”“ADIDAS”“PUMA”的商标。2021 年 1 月 2 日，

---

* 何润榕，广东合邦律师事务所执业律师、合伙人，广东省律师协会经济犯罪辩护专业委员会委员，广州市律师协会经济犯罪刑事法律专业委员会委员。

广州市公安局某分局在广州市某区某加工厂查获假冒NIKE、ADIDAS、PUMA注册商标的上衣近4000件，并抓获姚某。2021年1月3日，姚某以涉嫌假冒注册商标罪被侦查机关刑事拘留，经区人民检察院批准逮捕，侦查机关执行逮捕。2021年3月20日，侦查机关认为姚某涉嫌假冒注册商标罪，犯罪金额约160万元，将案件移送区人民检察院审查起诉。

姚某被逮捕后，2021年3月底，姚某的家属委托何润榕律师、张晓燕律师为姚某辩护。接受委托后，辩护律师立即会见姚某，了解案件情况，得知姚某之前并不认识客户，是首次加工，自接受客户订单至本案案发，加工生产的涉案货品较少，生产加工的时间较短，涉案金额不大，未收到任何加工费，涉案货品没有对外销售，未流向市场。姚某称，这批货ADIDAS牌子的每做成一件加工费6元，NIKE牌子的每做成一件加工费6元，PUMA牌子的每做成一件加工费4元。

辩护人认为根据姚某的陈述，其涉嫌犯罪的情节显著轻微，可以考虑涉案销售数额是否已达犯罪金额。因此向公诉机关提交辩护意见，并为姚某申请取保候审。

在阅卷过程中，辩护人注意到侦查机关提供的价格鉴定报告中价格认证中心出具的《不予受理通知书》，认为经核对相关资料及开展市场调查，因侵权产品与对应被侵权产品款式外观存在明显差异，按规定不出具价格认定结论。侦查机关按其确定的被侵权产品，在价格认定基准日广州市场正品单价即市场零售价，并结合三个注册商标的品牌公司提供的价格说明，据此认定姚某涉案非法金额高达160万元。

辩护人认为，价格认证中心作为涉案物品价值认定的受托机构，因侵权产品与对应被侵权产品款式外观存在明显差异，作出按规定不出具价格认定结论的鉴定结果，不应该以无法比对的市场价格来认定本案的犯罪金额。

本案中，姚某的行为属于假冒两种以上注册商标，因案涉商品未流出市场，没有销售金额，姚某也没有收到加工费，没有违法所得。因此，辩护人认为姚某在本案中非法经营的数额应以约定的加工费为标准进行计算。

经辩护人统计，姚某在本案中的违法加工费数额为21000余元，情节显著轻微，向检察机关提交不起诉的申请书，同时约见了检察官交流法律意见和提交辩护词。2021 年 4 月初，经公诉机关决定，对姚某变更强制措施为取保候审；在审查起诉阶段，公诉机关认为姚某生产、加工涉案假冒注册商标的服饰获利共计 21000 余元，同时认罪认罚，最终对其作出不起诉决定。

【争议焦点】

1. 侦查机关认定的姚某涉案金额是否有依据？
2. 姚某的行为是否构成假冒注册商标犯罪？

【案例评析】

1. 会见犯罪嫌疑人，详细询问关于涉案侵权物品数量和金额的问题，熟悉案卷关于侵权产品数量和金额的记录，研究案卷发现侦查机关认定非法经营数额计算没有依据。

虽然辩护人在嫌疑人姚某被逮捕后由侦查机关准备移送起诉时才受托提供辩护，但辩护人接受委托后，迅速会见姚某，为姚某提供法律咨询，并根据姚某陈述、现有的证据、结合生活经验整理出本案的基本事实、争议焦点。侦查机关侦办侵犯知识产权这类案件基本的模式是人赃并获，现场清点侵权产品，委托被侵权单位或其他法定机构鉴定是否构成侵权，委托价格认证中心出具价格鉴定书，价格认证中心依据查扣的销售单据计算非法销售金额，没有扣押销售单据的按照正品的市场售价计算非法销售金额。虽然犯罪嫌疑人和辩护人对价格认证中心认定价值的效力有异议，但若没在侦查阶段或审查起诉阶段提出异议和动摇其可信性，越往后越难推翻，到了法院审判阶段，若无相反证据，一般都会被法院采信。本案中，价格认证中心因侵权产品与对应被侵权产品款式外观存在明显差异，作出按规定不出具价格认定结论的鉴定结果。侦查机关让三个涉案品牌的厂家出具情况说明，证明姚某生产的产品侵权，同时出具该侵权产品相类似款式正品的市场售价，以该市场售价乘扣押的数量，计算出非法经营数额为约 160 万元，但因为侵权产品与被侵权产品款式外观存在明显差异，侦查机关以该被侵权产品的正品价格计算是没有事实和法律依据的。

2. 根据案件事实，多次会见当事人，就案件事实、法律适用和辩护思路与姚某沟通，取得一致意见后，约见检察官，交流对案件事实和法律适用的看法，提出有利于当事人的违法所得的计算方法。

在审查起诉阶段，辩护人反复仔细阅读案卷，发现因为是人赃并获，而且在现场清点了涉案产品品种和数量，涉案产品也并没有交付给委托人，没有实际收到加工费，但价格认证中心的文件、证人证言等对当事人姚某有利，于是多次与公诉人沟通辩护意见，提出姚某涉案物品并没有对外销售，从价格认证中心作出的不出具价格认定结论来看，姚某加工的侵权产品与被侵权产品存在明显差异，侦查机关采用与侵权产品存在明显差异的被侵权产品的正品市场价格作为计价依据，明显是错误的，没有事实依据，违法所得应按姚某供述的加工费计算标准进行计算。经多次沟通，公诉机关采纳辩护人的意见，同意按姚某供述的加工费标准计算，涉案违法所得21000余元。

最终与公诉机关达成诉前和解，当事人姚某先取保候审，后被公诉机关决定不予起诉，案件结果体现了罪刑罚相一致原则，也维护了当事人姚某的合法权益。

在同案人认罪认罚压力下如何实现决定不予起诉的辩护思路

——吴某国销售假冒注册商标的商品罪一案

林星宇*

【主旨提要】

本案是一起典型的知识产权领域内网络销售的刑事案件。随着我国对知识产权保护的重视，法律法规越来越完善，各个公司、自然人的知识产权保护意识也越来越强，每年都有更多的知识产权获得批准得到保护。而知识产权合法保护与其他合法权益的边界也更有张力，以致产生了冲突。特别是随着我国经济的迅速发展，网络销售逐渐成为交易的主要方式，商品销售数量很轻易地呈几何级增长，也更容易产生相关的刑事犯罪问题。

【基本案情】

犯罪嫌疑人吴某国与另一主犯吴某锋从 2018 年 5 月开始，合伙在淘宝相继开设了 4 家网店，出售手机配件，主要产品为手机屏幕玻璃、平板屏幕玻璃、手机屏幕总成、平板屏幕总成，并聘用两名员工。吴某国负责采购、售后和财务，吴某锋负责销售和客服。

公安机关认为其出售的上述商品侵犯了华为技术有限公司（以下简称华为）的专利权，于 2020 年 6 月 11 日进行立案侦查，查处其仓库并对本案 4 名犯罪嫌疑人进行刑事拘留，检察院于 2020 年 7 月 17 日批准逮捕。

公安机关在现场查处手机屏幕玻璃、平板屏幕玻璃、手机屏幕总成、平

* 林星宇，广东三环汇华律师事务所合伙人。

板屏幕总成共计1388块，经送华为鉴定，认定均为假冒华为注册商标的产品，总价值约15万元。同时查封其电脑六台，经审计电脑资料等销售记录，4家网店共计销售并收取了约397万元，经过审讯，吴某国确认出售并收取总额239万元。1名犯罪嫌疑人另案处理，剩余3名本案犯罪嫌疑人在侦查阶段全部认罪认罚。

公安机关于2020年9月8日侦查终结，移送检察院审查起诉，审查起诉阶段犯罪嫌疑人吴某国在辩护人介入后不再认罪认罚，其余2名犯罪嫌疑人在其辩护律师的见证下签署了认罪认罚具结书。检察院经审查，认为本案犯罪嫌疑人构成犯罪，于2020年10月14日向人民法院提起公诉，经过初次庭审，检察院进行了补充证据，又第二次庭审后，检察院于2021年12月30日决定对3名犯罪嫌疑人撤回起诉，并释放了3名犯罪嫌疑人，2022年1月24日对3人作出不予起诉的决定。

【办案过程】

（一）辩护思路

1. 本案的商品全部是通过淘宝网店出售，因此，出售的时候是否以华为名义出售相关商品。

2. 本案出售的商品是不是华为的正品商品，如果不是，是否带有华为的商标。

3. 华为对商品是否具有商标权。

对以上三点，辩护人认真对共计11卷的卷宗进行研究，发现以下事实：

1. 所有网店链接均清楚对商品进行陈述，“适用于华为手机”“适用于华为”等描述，并非陈述为“华为×××”。

因此，犯罪嫌疑人并非声称其出售华为商品，实际上文字内容已经明确告知消费者，其出售的并非华为商品，而是功能上适用于华为的商品，如果是假冒华为商品就不会标榜“适用于华为”。

2. 所有网店的图片及图片里的商品上均没有华为商标。

因此，实际消费者不会认为他打着“适用于华为”的名义，出售假冒华为或者高仿华为的商品。

3. 被查封的货物中有 1 万元货值的货物印有华为商标。

但是实际上，被查封的货物货值共计 40 余万元，有华为商标的占比不到总货值的 2%，而已经出售的约 397 万元货物有多少华为商标，办案机关并未进行核实。

4. 经仔细核查华为公司的权利证书，其权利范围并不包含屏幕玻璃，仅仅包含屏幕总成、液晶屏。

同时，经辩护人核查其官网销售内容，屏幕玻璃、液晶屏、屏幕总成是不同的商品，有着不同的价格、构成，而屏幕玻璃也不包含在屏幕总成或者液晶屏构成件里面。

5. 屏幕总成所占的销售数量极少。

辩护人对上述五个事实进行分析，提出以下方面辩护意见：

在客观方面，犯罪嫌疑人不侵犯华为的商标权，没有销售假冒的商品。

1. 华为公司的知识产权权利范围不覆盖屏幕玻璃。因此，无论屏幕玻璃是否印有华为商标均未侵犯华为公司的商标权，不构成犯罪。而屏幕玻璃占据已出售和未出售的商品的绝大部分，剩余屏幕总成不到 1 万元，尚达不到立案标准。

2. 犯罪嫌疑人出售案涉商品并未声称是华为商品，而是适用于华为的商品，推广链接的图片上也没有标识华为商标，虽然并无自己的品牌商标，但是也不能就此认为犯罪嫌疑人误导消费者，而结合售后情况来看，消费者根本不认为自己购买的是华为的商品。

3. 现场极少的商品有华为的商标，但是这不能代表全部都是假冒华为或者高仿华为的产品，更不能就此推论出售的也都是有华为商标的，也不能推论已经出售部分也按照这个比例进行计算多少是有华为商标的商品，因为举证责任在于办案机关，对于在能获取事实证据的情况下，不能进行简单的推论，特别是在这个比例存在更多的可能性的情况下。

在主观方面，犯罪嫌疑人没有销售假冒华为商标的商品的故意。

就上述事实，犯罪嫌疑人并未标注其商品为华为的商品，而只是做功能性描述为适用于华为的商品，而其绝大多数商品均为没有华为商标的商品，不能认定为仿冒华为的商品，而其一直也声称没想过假冒华为商品。

而本案的商品均为从合法的批发市场购买，购买时为批量购买，无法在现场单独审查商品，查出有华为商标后即退货。因此，在仓库存在部分有华为商标的商品是正常情况，不能将有华为商标的货物直接推定为其故意购买并销售。

而事实上，在这种情况下，将华为商标的商品当作不是华为商品进行销售并不构成假冒华为商品的犯罪，只是出售了与其网店图片不一致的商品，是货不对板的行为，如果有侵犯知识产权的行为，那么只能是侵犯了网店链接里图片的商品的商标权，即用华为的商品假冒图片的商品进行出售，所侵犯的标的主体不是华为，而是图片中没有华为商标的商品，因此，没有被侵犯的权利主体，无法构成本罪。

因此，本案无论是主观和客观方面，都无法构成本罪，剔除华为没有权利的屏幕玻璃后，即使有主观故意、客观行为，其金额也无法达到本案的立案标准。

（二）本案转折点

经第一次庭审后，鉴于辩护人提出以上辩护意见，检察院要求侦查机关发函向市场监督管理局询问，该局答复华为公司对屏幕玻璃没有相应的权利。

同时向其中一名购买者询问，该名购买者明确答复，其购买时很明确其购买的屏幕玻璃并非华为商品，系因为可以将其使用在华为手机上。

经本次补充证据，检察院作出撤回起诉的决定。

（三）判决结果

检察院于 2021 年 12 月 30 日决定对 3 名犯罪嫌疑人撤回起诉，并释放了 3 名犯罪嫌疑人。此时，吴某国和吴某锋已经被关押了 1 年零 6 个多月，2022 年 1 月 24 日，检察院对 3 人作出不予起诉的决定。

【争议焦点】

犯罪嫌疑人所出售的屏幕玻璃、平板屏幕玻璃、手机屏幕总成、平板屏幕总成是否侵犯华为技术有限公司的商标权。

【案例评析】

华为科技有限公司是我国大型企业，其专利范围覆盖广泛，但是随着我国知识产权法律的完善，知识产权的覆盖范围均有明确的规定和严格的执行。而商品的零件、配件等烦杂，经常出现权利人的知识产权范围并不覆盖部分零件，这就要求办案机关必须仔细研究权利覆盖范围。同时随着网络销售逐渐成为商品的主流销售形式，对于侵权的行为逐渐具有网络特点，是否侵权应当更仔细地结合网络的内容进行判断其是否符合主观和客观的构成。而作为辩护律师，更应该仔细研究案卷，即使犯罪嫌疑人全部认罪认罚，也应当仔细分析和研究证据，以确定是否构成犯罪，帮助犯罪嫌疑人顶住压力。本案中，在其他犯罪嫌疑人都认罪认罚的情况下，犯罪嫌疑人被关一年半，多次几乎崩溃，经辩护人详细耐心地为其分析案件证据、法律规定等，让其坚定自己的信心，相信法律和司法机关的公正，维护了自己的清白，也维护了司法机关的权威。

基于个人同意处理个人信息的，不构成侵犯公民个人信息罪

——以甘某涉嫌侵犯公民个人信息罪一案为例

邓世运*

【主旨提要】

取得个人同意收集、提供个人信息的，不符合《刑法》第253条之一规定的“违反国家有关规定”，因此不构成侵犯公民个人信息罪。符合法律规定的“个人同意”，应该满足两个条件：一是满足了被收集者的知情权；二是该“同意”系自愿、明确作出。采用隐瞒信息真实用途、真实去向，或者以利诱、蒙骗等方式骗取信息持有者“同意”的，属于“未经被收集人的同意”。

【基本案情】

2020年3月，失业在家的甘某经朋友介绍，帮助“分贩子”向驾驶证持证人收购“驾照分”。在收购驾照分时，甘某在要求驾驶证持证人提供驾驶证复印件等资料的同时，还会要求对方出具书面的委托书，明确同意他人使用自己的“驾照分”。2020年5月，某地公安局以甘某涉嫌侵犯公民个人信息罪为由，将其刑事拘留，羁押在看守所。

辩护人接受甘某家属委托之后，到看守所会见甘某，向甘某详细了解案件有关情况、为其提供法律咨询并告知相关注意事项。就甘某介绍的情况，辩护人认为，将甘某的行为定性为侵犯公民个人信息罪值得商榷。侵犯公民

---

* 邓世运，北京市炜衡（广州）律师事务所律师。

个人信息罪，保护的是公民的个人隐私权。如果获得了公民个人相应授权和许可，那么获取、出售、提供相应公民的个人信息就不存在侵犯公民个人隐私权的问题。在驾驶证持证人为谋利自愿提供个人信息，并出具了书面授权同意的情况下，甘某收集、出售持证人的驾驶证等信息不能认定为“非法获取公民个人信息”或者“非法出售公民个人信息”，不构成侵犯公民个人信息罪。辩护人向公安机关递交了《关于建议不提请逮捕甘某的法律意见书》，指出将甘某涉嫌的行为认定为侵犯公民个人信息罪值得商榷，建议公安机关不提请逮捕甘某，将其释放。

2020 年 5 月，公安机关决定不提请逮捕甘某，将其释放，先取保候审，后撤销案件。

【争议焦点】

1. 驾驶证持证人为谋利自愿提供个人信息，并出具了书面授权同意的情况下，能否认定为同意他人处理其个人信息？

2. 甘某收集、提供驾驶证持证人的驾驶证等信息的行为，是否构成侵犯公民个人信息罪？

【案例评析】

《最高人民法院、最高人民检察院关于办理侵犯公民个人信息刑事案件适用法律若干问题的解释》第 1 条规定：“刑法第二百五十三条之一规定的‘公民个人信息’，是指以电子或者其他方式记录的能够单独或者与其他信息结合识别特定自然人身份或者反映特定自然人活动情况的各种信息，包括姓名、身份证件号码、通信通讯联系方式、住址、账号密码、财产状况、行踪轨迹等。”

根据上述规定，个人信息的本质特征在于“能够单独或者与其他信息结合识别特定自然人身份或者反映特定自然人活动情况”。驾驶证上记载了公民的姓名、身份证件号码、住址等信息，这些信息能够单独识别特定自然人身份，属于公民个人信息。在收购“驾照分”的过程中，涉及收集、提供驾驶证资料，也就是存在收集、提供个人信息，关于该行为是否构成侵犯公民个人信息罪，关键在于该行为是否符合《刑法》第253条之一规定的“违反国家有关规定”。

（一）基于个人同意处理个人信息的，不构成侵犯公民个人信息罪

根据《个人信息保护法》第13条的规定，取得个人同意的，个人信息处理者可以处理个人信息。换言之，基于个人同意处理个人信息的，不符合《刑法》第253条之一规定的“违反国家有关规定”，因此不构成侵犯公民个人信息罪。该观点在一些司法案例中有所体现。

如在佛山市禅城区人民法院（2018）粤0604刑初717号刑事判决书中，公诉机关指控被告人构成侵犯公民个人信息罪与行贿罪，法院仅支持了行贿罪，没有支持侵犯公民个人信息罪。法院在阐述裁判理由时指出：侵犯公民个人信息罪主要是惩治违背公民个人意愿，出售、非法提供其个人信息和非法获取、倒卖公民个人信息的行为。从在案证据来看，本案存在驾驶员为了卖分而自愿提供个人身份信息给中介办理实名认证的情况。因此，该部分不符合侵犯公民个人信息罪的构成要件和犯罪特征，应予以剔除。

（二）什么是“个人同意”

《个人信息保护法》第14条规定，基于个人同意处理个人信息的，该同意应当由个人在充分知情的前提下自愿、明确作出。法律、行政法规规定处理个人信息应当取得个人单独同意或者书面同意的，从其规定。个人信息的处理目的、处理方式和处理的个人信息种类发生变更的，应当重新取得个人同意。根据上述规定，符合法律规定的同意，是个人在充分知情的前提下自愿、明确作出的同意。

换言之，如果个人的同意不是在充分知情的前提下作出的，那么不属于有效的同意。如在浙江省温州市中级人民法院（2022）浙03刑终286号刑事判决书中，被告人邵某的辩护人提出，邵某向他人购买公民个人信息系合法取得，部分公民个人信息系信息所有者自愿有偿提供。对此，法院在阐述裁判理由时指出，即使本案存在信息所有者为获利而同意出售个人信息的情况，但作为信息收集者的代理人员及两被告人均隐瞒了使用其信息注册虚假微信

公众号的真实用途，故被收集者实质上并不知道其个人信息的使用范围，显然不属于有效的同意。

如何满足个人的充分知情权，《个人信息保护法》第 17 条第 1 款规定，个人信息处理者在处理个人信息前，应当以显著方式、清晰易懂的语言真实、准确、完整地向个人告知下列事项：(1) 个人信息处理者的名称或者姓名和联系方式；(2) 个人信息的处理目的、处理方式，处理的个人信息种类、保存期限；(3) 个人行使本法规定权利的方式和程序；(4) 法律、行政法规规定应当告知的其他事项。

根据上述规定，符合“个人同意”，应该满足两个条件：一是满足了被收集者的知情权；二是该“同意”是自愿、明确作出。

(三) 什么是“未经被收集人的同意”

与“取得个人的同意”相对的是“未经被收集人的同意”，准确认定什么是“未经被收集人同意”，有助于理解什么是“取得个人的同意”。

擅自收集、提供他人信息的，固然可以认定为“未经被收集人同意”，那些采用隐瞒信息真实用途、真实去向，或者以利诱、蒙骗等方式骗取信息持有者“同意”获取信息的，也应该认定为“未经被收集人同意”，因为该“同意”并非在满足个人的充分知情权之下自愿作出的，反映的并非被收集人的内心真实意愿。

如在广东省深圳市龙岗区人民法院（2021）粤 0307 刑初 1806 号刑事判决书中，法院在阐述裁判理由时指出，被告人作为相关从业人员，明知获取个人通信录、短信、定位等个人隐私信息非正常工作生活所需，而为牟取不法利益，开发具有获取他人隐私信息功能的软件供他人使用，放任非法获取他人信息结果的发生，具有侵犯公民个人信息的主观故意，客观上已获取大量的个人信息，并被用于犯罪活动。虽然被告人及辩护人提出信息需要本人同意后才能获取，而根据查明的事实，涉案 App 具有明显的欺骗性，意图引导操作人员点击同意后成功获取相关信息，设置选择只是为了掩饰其非法目的，故选择程序的设置不能阻却本案被告人行为的违法性。因此，被告人胡某、麦某的行为均已构成侵犯公民个人信息罪。

在甘某涉嫌侵犯公民个人信息罪一案中，驾驶证持证人出于谋利的目的，将驾驶证等资料交与甘某，并出具书面授权同意，其对于他人使用其驾驶证“扣分”的目的是明知的，并以书面的形式表示了同意，可以认定甘某收集、提供驾驶证持证人的个人信息已取得驾驶证持证人的同意，因此甘某的行为不符合《刑法》第253条之一规定的“违反国家有关规定”，不构成侵犯公民个人信息罪。

区分“知道可能”和“可能知道”，严格把握行为人的“明知”

——以李某涉嫌帮助信息网络犯罪活动罪一案为例

许胜利*

【主旨提要】

帮助信息网络犯罪活动罪是行为人明知他人利用信息网络实施犯罪，为其犯罪提供互联网接入、服务器托管、网络存储、通信传输等技术支持，或者提供广告推广、支付结算等帮助，情节严重的行为。根据《刑法》第287条之二第1款的规定，行为人有上述行为，处3年以下有期徒刑或者拘役，并处或者单处罚金。

本案例重点分析帮助信息网络犯罪活动罪行为人的“明知”如何在司法实务中加以确认。帮助信息网络犯罪活动罪的“明知”既包括行为人主观上确切知道他人系利用信息网络实施犯罪，也包括主观上知道他人可能利用信息网络实施犯罪，即“知道可能”，但排除行为人主观上是否明知存在着一种不确定状态，即“可能知道”。

【基本案情】

2021年8月，被告人李某将其所持有的一张中国工商银行卡，以及该卡关联的手机银行支付密码交给一名自称为“石头”的男子，该男子使用该银行账户后向李某支付500元作为报酬，并要求李某向银行申请注销该卡。当李某办理注销手续时，银行工作人员告知其该卡已被冻结，李某遂以该银行

* 许胜利，北京市盈科（广州）律师事务所专职律师。

卡已丢失为由向银行办理挂失手续。后李某再次将一张交通银行卡交给“石头”，约定在“石头”需要用的时候再提供该卡的密码。

2021年8月11日10时许，被害人方某某被人用QQ冒充其公司领导胡某某以紧急需要资金为由诈骗196万元，款项流入某公司对公账户，同日11时许，上述款项全数流入李某的上述中国工商银行卡账户。

本案中，李某在审查起诉阶段就认罪认罚。公诉机关对该案提起公诉时，建议适用速裁程序审理；法院开庭审理时适用简易程序，实行独任审判。开庭过程中，李某的辩护人对李某是否“明知”提出异议，法院依法将审理程序转为普通程序，组成合议庭，分别于2022年4月8日、2022年5月26日公开开庭审理了本案。

法院认为，被告人李某在明知个人持有的银行卡不能出借、出卖给他人使用的情况下，仍将个人新开立的中国工商银行卡账户及支付密码、取款密码有偿出借给偶然认识、不知真实姓名的陌生人使用，该银行账户仅在一天时间内便接收了涉嫌诈骗的款项196万元，然后在同一天内迅速分散流入其他银行账户，被告人李某的行为为上游诈骗犯罪提供了支付结算帮助，数额已达情节严重，其行为已构成帮助信息网络犯罪活动罪。上述事实有被告人李某归案后稳定的供述、涉案银行卡流水清单、相关证人证言等证据予以证实，足以认定。至于庭审过程中李某否认有偿出借银行卡时明知他人可能利用信息网络实施犯罪的辩解，与其年龄、学历及社会经历明显不符，且其也供述对方借用完其银行卡后即要求其将银行卡注销，而银行工作人员亦明确告知其该银行卡已被冻结，其也曾怀疑对方所谓的走流水实际上可能是诈骗所得，但其仍继续将另外一张个人持有的交通银行卡交给对方，企图再次有偿出借。可见，其系在明知他人可能利用信息网络实施犯罪的情况下，仍然有偿出借个人银行账户为他人提供支付结算帮助，应予定罪处罚。

法院最终判决被告人李某犯帮助信息网络犯罪活动罪，判处有期徒刑1年，并处罚金5000元。宣判后，李某没有上诉。

【争议焦点】

李某出借案涉中国工商银行卡时，是可能知道其用于上游网络犯罪还是知道其可能用于上游网络犯罪。

【案例评析】

李某系 1999 年 9 月出生，从封闭的中专学校毕业后就进入工厂打工，并未真正接触社会，法律意识淡薄。李某自 2021 年 10 月 15 日归案到两次开庭，都稳定一致地供述其与“石头”并不相识，“石头”向其借用中国工商银行卡走流水是正规的。同时，涉案银行卡走账 196 万元后，“石头”只给了李某 500 元，李某并未提出任何异议。这也映证了李某涉世未深，天真地认为自己的银行卡是被用于走日常流水，最起码不是用于违法犯罪。因为，作为一个智力正常的成年人是不会为了区区 500 元而去承担牢狱之灾的风险。所以，不能排除李某出借中国工商银行卡时不知道其用于上游网络犯罪的可能性。

帮助信息网络犯罪活动罪的“明知”既包括行为人主观上确切知道他人系利用信息网络实施犯罪，也包括主观上知道他人可能利用信息网络实施犯罪，前者行为人主观上既然已经知道了他人会利用信息网络实施犯罪，还提供各种各样的帮助，在意志因素上是持一种希望的心态，构成了直接故意犯罪。而后者行为人主观上知道他人可能会利用信息网络实施犯罪，还提供各种各样的帮助，在意志因素上是持一种放任的心态，构成间接故意犯罪。二者在主观上都要求行为人知道，只是知道他人是否会利用信息网络实施犯罪以及具体实施什么犯罪的认识程度不同。前者明知的对象和内容具有确定性，而后者明知的对象和内容具有不确定性，换言之，不管是知道他人会利用信息网络实施犯罪，还是知道他人可能会利用信息网络实施犯罪，还提供各种各样的帮助，都符合故意犯罪的概念，也符合责任主义原理。

这里的“知道可能”与“可能知道”并不是简单的文字表述的差别，而是有不同的实质内涵，即二者所强调的对象和内容并不相同。后者强调的是行为人主观上是否明知存在着一种不确定状态，即可能知道，也可能不知道，只有可能知道才能认定行为人主观上明知，而可能不知道则不能认定行为人主观上明知，并不符合故意犯罪的概念；而前者强调的是行为人主观上还是明知的，只是他人是不是或者会不会利用信息网络实施犯罪以及具体实施什么犯罪处于一种不确定的状态，只要行为人在认识到这种不确定的状态下，还采取了听之任之、不闻不问的态度，就具备了犯罪故意中放任的意志因素，构成了间接故意。

但是，在司法实务中，办案人员往往不注意区分“可能知道”与“知道可能”的含义，甚至将二者混同使用，以“可能知道”代替“知道可能”，从而在无形之中降低了证据的证明标准，把那些事实上真的可能不知道他人会利用信息网络实施犯罪的行为当成犯罪来处理。本案中，法院就是将“可能知道”代替“知道可能”，从而认定了李某出借案涉中国工商银行卡时知道其可能用于上游网络犯罪，判决被告人李某犯帮助信息网络犯罪活动罪。

窝藏罪与重婚罪数罪并罚下的积极辩护

张泽华*

【主旨提要】

毒品令人迷失自我、倾家荡产、妻离子散，制造一个又一个社会悲剧，毒品犯罪分子罪无可赦，对其固然要严厉打击，但是对于窝藏毒品犯罪分子的人不能一味追求严惩，为了惩罚而惩罚。根据案件情况，要注重感化和教育，避免变成以暴抑暴的恶性循环。

【基本案情】

（一）案件事实

1. 制作毒品、窝藏的事实

2017 年 5 月至 6 月，甲某租用 H 地农场的旧宅，用于制造毒品甲基苯丙胺。2017 年 10 月，甲某提供麻黄素给同案人甲某 2 制造毒品。2017 年 11 月，公安人员到甲某 2 制毒的养鸡场清查，甲某潜逃。2018 年 3 月，乙某通过禁毒微信公众号获悉甲某因涉嫌制造毒品罪被公安网上追逃。2019 年 8 月，甲某潜逃到与乙某共同出资购买的房屋躲藏，乙某为甲某提供资金和食宿等便利。六天后，甲某被公安机关抓获。

2. 重婚的事实

2009 年，甲某与李某登记结婚。2012 年，乙某与甲某建立男女关系，其间知道甲某有配偶，分别于 2013 年、2015 年生育一女一子。2016 年 10 月，甲某与李某协议离婚。

---

* 张泽华，广东格安律师事务所主任、专职律师。

3. 巨额财产来源及去向不明的事实

2017 年 9 月，乙某去银行存入现金 299.4 万元。2017 年 11 月，乙某去银行提取现金 30 万元。2017 年 12 月，乙某去银行提取现金 260 万元。

（二）一审裁判情况

2020 年 3 月，J 市检察院向 J 市中级人民法院提起公诉，指控被告人甲某犯制造毒品罪、重婚罪及被告人乙某犯包庇毒品犯罪分子罪、重婚罪。J 市中级人民法院一审判决评析如下：1. 甲某犯制造毒品罪事实清楚，证据确实充分；2. 2018 年 3 月，乙某通过禁毒微信公众号获悉甲某因涉嫌制造毒品罪被公安局网上追逃，但在 2019 年 8 月甲某潜逃到与其共同出资购买的房屋躲藏时，仍然收留甲某并为其提供资金和食宿等便利，帮助其逃避公安机关抓捕，乙某的行为构成窝藏罪，公诉机关指控构成包庇毒品犯罪分子罪罪名不当，应予纠正；3. 甲某与李某于 2009 年 7 月登记结婚，于 2016 年 10 月离婚，在婚姻关系存续期间，甲某于 2012 年与乙某以夫妻名义共同生活并分别于 2013 年、2015 年生下一女一子，经鉴定该子女与甲某、乙某符合亲子关系，乙某明知甲某有配偶仍与其以夫妻名义共同生活，故应认定甲某和乙某构成重婚罪；4. 公诉人认为乙某名下的房产、汽车中甲某出资额度内应认定是甲某的个人财产，应予支持；5. 乙某存入现金 299.4 万元和取出现金 260 万元均是乙某本人自己到银行办理，上述款项无法查明是甲某犯罪所得的赃款还是甲某的个人财产，因此公诉机关指控乙某得知甲某因犯罪出逃后通过银行取现共计 290 万元帮助甲某转移部分财产，证据不足，不予支持。J 市中级人民法院一审判决甲某犯制造毒品罪，判处死刑，犯重婚罪，判处有期徒刑 1 年 6 个月，决定执行死刑。判决乙某犯窝藏罪，判处有期徒刑 6 年，犯重婚罪，判处有期徒刑 1 年 6 个月，决定执行有期徒刑 7 年。

（三）二审裁判情况

甲某、乙某不认罪，对一审判决不服，向上级法院提出上诉。G 省高级人民法院二审判决评析如下：1. 甲某犯制造毒品罪事实清楚，证据确实充分；2. 乙某明知甲某因制毒被通缉，仍为其提供资金和食宿等便利，帮助其逃避公安机关抓捕，原判认定乙某构成窝藏罪并无不当，鉴于甲某制造毒品罪极其严重，一审被判处死刑，原判认定乙某的行为情节严重并无不当，鉴于乙某归案后能够如实供述自己的罪行，对其可依法从轻处罚，原判对乙某的量刑偏重，应予纠正；3. 甲某、乙某从2012年至2016年10月在甲某已婚的情况下共同生育两名子女，并共同出资购买房产及车辆，足以认定两人以夫妻名义共同生活，故原判认定甲某和乙某构成重婚罪并无不当。J市中级人民法院二审改判乙某犯窝藏罪，判处有期徒刑3年，犯重婚罪，判处有期徒刑1年6个月，决定执行有期徒刑3年2个月。

【争议焦点】

1. 甲某和乙某是否以夫妻名义共同生活，其行为是否构成重婚罪？

2. 乙某的行为是否构成窝藏罪，量刑是否畸重？

【案例评析】

代理律师是在二审阶段接受乙某家属的委托，介入案件。我们基于阅卷、会见乙某、与一审法院沟通、案例检索等工作，分析认为：甲某、乙某不构成重婚罪，乙某犯窝藏罪的量刑畸重。具体分析如下：

（一）甲某、乙某不构成重婚罪

1. 现有证据不能证明乙某与甲某以夫妻名义共同生活。庭审中，公诉人也没有提出乙某与甲某以夫妻名义共同生活，而是认为生育两个孩子足以使外人认为两人是夫妻关系。将“与之结婚”扩大解释为生育两个孩子足以使外人认为两人是夫妻关系，这种扩大解释既缺乏法律依据，又不符合司法实践，严重违背罪刑法定原则、有利于被告人原则。

2. 据了解，公安机关最开始向检察院移送审查起诉的时候，并没有重婚罪，是二次退回补充侦查才增加重婚罪。甲某制造毒品的行为已经足够判处死刑，再加个重婚罪对刑罚的意义并不大，可见重婚罪是针对乙某的。

（二）乙某犯窝藏罪的量刑畸重

1. 乙某明知甲某因制毒被通缉，仍为其提供资金和食宿等便利，事实清楚，证据充分，犯窝藏罪无可辩驳。犯窝藏罪，情节严重的，处3年以上10

年以下有期徒刑，一审法院选择判6年，量刑畸重。第一，乙某并没有积极主动地帮助甲某逃匿。甲某在潜逃期间主动去乙某的房子看望孩子，中国有“亲亲相隐”的传统，乙某出于甲某是两个孩子的父亲收留甲某。乙某没有积极主动地帮助逃匿，她只是没有拒绝甲某过来看孩子，是消极的帮助行为。消极的帮助行为的恶性比积极的帮助行为的恶性明显要轻很多，根据罪责刑相适应，对乙某也应当要从轻处罚。第二，甲某潜逃将近2年都没有被抓获，在乙某的处所只待了6天就被抓获，说明甲某去乙某的处所反而对司法机关惩处犯罪的活动起到加速作用，而不是严重的负面作用，藏6天就判6年，未免过分超出人民群众的情感道德认知。第三，司法实践中，有多个案件的被告人为罪行严重的毒品犯罪分子逃避追捕提供积极的帮助，诸如提供身份证帮助入住酒店、购买高铁票、签订租赁合同、支付房租生活费、帮忙犯罪分子望风等，这种积极行为的主观恶性和客观危害性远大于乙某的行为，但只判处3年以下有期徒刑。而一审判处乙某犯窝藏罪6年有期徒刑，刑罚特别不均衡。

2. 从最根本的道德情感出发，本案罪大恶极的是制造毒品的犯罪分子，法律不能容忍的是制造毒品的犯罪分子。综合全案的证据，可以看到乙某是完全没有参与制造毒品的，乙某的行为性质跟甲某的行为性质完全不一样，因此量刑时应当贯彻宽严相济的刑事政策，对乙某没必要极尽一切可能严惩。更何况，甲某、乙某还有两个孩子，一个8岁，一个5岁且患有先天性心脏病，从社会影响的角度出发，孩子正处在性格、三观形成的关键阶段，非常需要父母的陪伴和教育，得不到恰当家庭教育的孩子未来更有可能违法犯罪，导致发生更多的社会悲剧。从人性的情感道德出发，既然法律已经要剥夺孩子父亲的生命，那么对孩子母亲是不是应当网开一面，从宽处理。

3. 不可否认，甲某与乙某之间是情人关系，利益非常紧密，甲某持续给乙某生活费，在甲某潜逃后，乙某转移260万元现金，不排除这些生活费、260万元现金是甲某的犯罪所得。而乙某归案后拒不交代260万元现金的事情，导致国家无法追缴，为法律所不能容忍。从正义观念出发，必然是希望乙某受到法律的制裁。但是，我们认为一审法院的否定评价违背证据裁判原则、罪责刑相适应原则，因为没有证据能证明，只是一种推测。假如将来司法机关查证乙某确实帮助甲某转移毒赃，是可以追诉乙某的，因此更不应当在本案的刑罚中增加转移毒赃的处罚，否则会造成一事二罚的结果，对乙某极其不公正。

二审阶段，我们向二审法院表达了上述观点。二审判决乙某犯窝藏罪，判处有期徒刑3年，犯重婚罪，判处有期徒刑1年6个月，决定执行有期徒刑3年2个月。二审法院采纳了窝藏罪量刑过重的观点，将一审判决的有期徒刑6年改成有期徒刑3年。

五、职务类刑事犯罪辩护案例

如何判断收取贿赂款后未提供实质性帮助是受贿罪还是诈骗罪

——某甲受贿案

林志明*

【主旨提要】

在贿赂案件中，受贿者未提供实质性帮助，行贿者往往在事后会认为被骗而向司法机关提出控告，此类情况下对受贿者认定为诈骗罪还是受贿罪，亦是争议问题，但两罪的量刑标准相差极大，涉案数额50万元，受贿罪的法定刑是3年至10年有期徒刑，诈骗罪的法定刑却是10年以上。本案根据案件的具体情况，结合诈骗罪与受贿罪的根本区别，提出对受贿者未提供实质性帮助应如何定性的一般处理规则。

【基本案情】

2019年8月20日下午，某丁因涉嫌强奸罪被传唤至某派出所接受调查，某丁为逃避公安机关的侦查，打电话让同案人某丙托关系帮忙花钱"捞人"，后某丙通过同案人某乙找到在该派出所任职的某甲，要求某甲对某丁关照。

次日，某丁因涉嫌强奸罪被公安机关刑事拘留，某乙再次请某甲帮忙，某甲利用工作之便，向派出所经办该案的民警了解到该案证据不足有释放的可能，于是某甲向某乙提出需要20万元解决此事。

随后某乙通知某丙，称需30万元"捞人"；某丙则找到某丁的家属称需要30万元至40万元疏通关系才能解决。某丁的家属因价钱过高未能同意，

* 林志明，广东蕴德律师事务所管委会主任、专职律师。

并聘请律师辩护，某乙、某甲又联系某丁的律师见面，希望律师动员某丁的家属出资30万元解决此事。

2019年9月4日，某丁涉嫌强奸一案因证据不足未被检察机关批准逮捕，某丁被取保候审之后，某乙、某丙多次联系某丁并恐吓，要求其支付30万元至40万元的辛苦费，最终某丁转账给某乙1万元。

公安机关认为某甲及某乙、某丙的行为涉嫌诈骗罪，无其他从轻情节，将案件移送检察机关审查起诉。

【办案过程】

在审查起诉过程中，辩护人提交书面法律意见，认为本案中某甲的行为符合受贿罪的构成要件，且并未虚构事实、隐瞒真相，不符合诈骗罪的构成要件，应认定为诈骗罪；同时本案中某甲的犯罪数额仅为20万元，某乙、某丙自行虚增的数额已超出三人共谋的范围，不应由某甲对超出部分的数额承担刑事责任；结合本案存在犯罪未遂、自首等量刑情节，应作罪轻辩护。

辩护人准确把握法律适用问题，就罪名及量刑情节的认定作了充分论述，检察官对此也大部分认可。在此基础上，辩护人提出求同存异，就双方都达成一致的部分对某甲适用认罪认罚从宽制度，对某甲从宽处理。最终在审查起诉阶段就使检察官认可并采纳辩护人关于本案的定性及量刑情节等意见，并同意适用认罪认罚从宽制度，实现有效辩护。

后公诉机关对该宗事实以受贿罪、帮助犯罪分子逃避处罚罪提起公诉，并认定某甲具有犯罪未遂、如实供述等情节，建议对某甲所犯受贿罪判处有期徒刑1年2个月，对其所犯帮助犯罪分子逃避处罚罪判处有期徒刑6个月。

经法院审判认为，被告人某甲无视国家法律，身为国家工作人员，利用职务上的便利索取他人财物，数额巨大；向犯罪分子通风报信、提供便利，帮助犯罪分子逃避处罚，其行为已分别构成受贿罪、帮助犯罪分子逃避处罚罪，依法应数罪并罚。被告人某甲已着手实施犯罪，但因意志以外的原因而未能得逞，是犯罪未遂，依法可比照既遂犯减轻处罚；被告人某甲归案后如实供述其罪行，依法可从轻处罚；被告人某甲自愿认罪认罚，依法予以从宽处理。依照《刑法》第385条第1款、第417条、第23条、第25条、第67条第3款、第52条、第53条、第64条之规定，判决如下：

被告人某甲犯受贿罪，判处有期徒刑1年2个月，并处罚金10万元；犯帮助犯罪分子逃避处罚罪，判处有期徒刑6个月。决定执行有期徒刑1年6个月，并处罚金10万元。

【争议焦点】

在受贿人未提供实质性帮助的贿赂案件中，对受贿者应认定为诈骗罪还是受贿罪？

【案例评析】

本案在刑事诉讼初期，司法机关曾认为本案应定性为诈骗罪，理由是：本案中某丁最终能被取保候审是依法采取的措施，某甲在此过程中未提供实质性帮助，而仅仅是打探消息后，利用信息不对等，隐瞒某丁本来就应依法采取取保候审强制措施的真相，试图骗取家属财物。这与刑事诉讼中常见的“5万元包取保”的骗局没有本质区别，因此应认定为诈骗罪。

但经认真研究案情和证据细节，我们认为本案与“5万元包取保”的骗局仍然有本质区别，应定性为受贿罪。“5万元包取保”的骗局是指在刑事诉讼中，骗子利用犯罪嫌疑人被刑事拘留后、其家属迫切渴求“捞人”的心理，谎称自己有关系，收5万元保证可以放人，如果不能放人就全额退款。但骗子收取费用后，除关注案件进展外未采取其他任何措施，更没有实际帮忙，仅是等刑拘期满后，如果嫌疑人被依法取保候审就将5万元占为己有，如果被依法逮捕就全额退款。

在涉及此类行为时，区分诈骗罪和受贿罪的关键在于是否有提供帮助的主观意愿和客观行为。诈骗罪的犯罪分子根本不打算提供帮助，也没有任何帮助行为，而仅仅是利用信息不对等，骗取请托人的财物，侵害的是他人的财产权；而受贿罪的犯罪分子则有提供帮助的意愿和行为，哪怕没有提供实质性帮助，其收受财物并为他人谋利的行为也已经损害了国家公职人员的廉洁性。

首先，受贿犯罪中“为他人谋利”不要求有实质性的帮助行为或实现请托内容，只要向请托人作出帮助的“承诺”，即已成立受贿罪中“为他人谋利”的构成要件。为他人谋取利益包括承诺、实施和实现三个阶段的行为。只要具有其中一个阶段的行为，如国家工作人员收受他人财物时，根据他人提出的具体请托事项，承诺为他人谋取利益的，就具备了为他人谋取利益的要件。明知他人有具体请托事项而收受其财物的，视为承诺为他人谋取利益。《最高人民法院、最高人民检察院关于办理贪污贿赂刑事案件适用法律若干问题的解释》第13条规定，“实际或承诺为他人谋取利益的”，应当认定为“为他人谋取利益”。《最高人民检察院公报》2007年第3号“巫某志受贿案”中也提出“为他人谋取的利益是否实现，不影响受贿罪的认定”的裁判规则。

其次，具体到本案中，多处细节表明某甲有提供帮忙的主观意愿和客观行为，表现在：（1）某甲的具体职务、身份有提供帮助的能力与可能性；（2）某甲也始终供述其收受贿赂并提供帮助，其主观内容是为他人谋利并获取相应对价；（3）某甲在客观上实施了向办案民警打探进度、为某丁做前期调解、意图促成被害人对某丁的谅解等行为，尽管这些行为没有干扰到侦查人员对某丁案件的办理，对某丁能否被取保候审也没有影响，但仍足以证明某甲有提供帮助的意愿。

最后，受贿罪侵害的是国家公职人员的廉洁性，打击的是“钱权交易”的行为，并不以权力是否行使、行使过程是否正当为前提。只要国家公职人员在行使权力的过程中收取贿赂款，均成立受贿罪。而本案中，某甲基于自身的职权、地位，也确实在某丁的案件处理上存在一定职权，尽管其没有违规行使职权，但其收受贿赂款的行为也仍然有干扰司法公正、影响某丁案件处理结果的可能，已属权钱交易，当然应构成受贿罪。

综上，某甲在本案中具有影响某丁案件处理的身份职权与可能性，其主观上有帮助某丁逃避处罚的意愿，客观上亦有为某丁提供帮助而采取一定的行动，尽管某甲未对某丁的案件处理有实质性影响，但并不是虚构事实、隐瞒真相，而是已经形成钱权交易，应以受贿罪定罪处罚。

公司类职务犯罪案例分析

何才荆*

【主旨提要】

案件发生在广州市某区，广州黄海石油燃气有限公司（化名）向公安机关报案，称公司仓储的液化气被员工侵占，案涉金额近300万元（鉴定机构评估的金额为290万余元），公安机关以侵占金额近300万元的“犯罪事实”立案侦查。本案犯罪嫌疑人入职使用虚假身份，案发后离开原单位，其被网上通缉、追逃多年。2019年5月，公安机关采用大数据及人脸识别技术，将嫌疑人抓获，在《起诉意见书》中认定犯罪嫌疑人涉嫌职务侵占约270万元。在辩护律师依法接受委托、介入案件后，发现在案证据存在诸多疑点，部分涉案单位、人员的陈述甚至相互矛盾，辩护律师就此与公诉机关多次沟通联系，反馈专业法律意见。最终，公诉机关认定犯罪嫌疑人职务侵占33万余元，人民法院亦认定该涉案金额，该案取得较好的辩护效果。

【基本案情】

广州市公安局某区分局指控：2013年8月28日至9月3日，犯罪嫌疑人招某清（化名）利用任职黄海公司化工仓储部经理助理之便，以“广东某某液化气有限公司”提国产气名义下单出库方式，将公司仓储罐V201A存储的戊烷共用槽车出库10车，合计239.56吨，用现金的方式私自卖给李某，共收款约100万元，经黄海公司委托广东某某司法会计鉴定所鉴定，该239.56吨戊烷总价值为1504362.3元。2014年9月25日至10月9日，招某清利用

* 何才荆，北京市盈科（广州）律师事务所监事会副主任律师。

职务便利，同样以“广东某某液化气有限公司”提国产气名义下单出库方式，将公司仓储罐V201A存储的戊烷共用槽车出库8车，合计186.19吨，用银行转账交易的方式私自卖给李某，共收款1191616元。上述指控招某清职务侵占的液化气货值合计2695978.3元。

笔者依法接受招某清本人及其家属的委托，担任招某清在其涉嫌职务侵占罪一案中的辩护人。辩护律师经过会见招某清、查阅在案卷宗、分析在案证据，掌握了案情，就该案存在的各项疑点向公诉机关反馈法律意见。经辩护律师与公诉机关就案件具体情况进行多次沟通、说明，后续公诉机关接受了辩护律师的意见。

公诉机关在审判阶段指控：2013年至2014年，被告人招某清在担任黄海公司仓储部仓储员的职务期间，利用管理其他公司存储在该公司的液化气、戊烷的职务便利，以“广东某某液化气有限公司”的名义提货液化气，但实际将黄海公司盘盈的戊烷提出后予以变卖，事后向某某液化气公司支付液化气的货款，赚取液化气与戊烷之间的差价。其中，2013年8月28日至9月3日，被告人招某清采取上述方式将黄海公司的10车戊烷共计239.56吨售出，事后向某某液化气公司支付货款1463875.80元。经鉴定，上述戊烷在交易之时价值为1760103.89元。被告人招某清将其中差价296228.09元占为己有。2014年9月25日至10月9日，被告人招某清采取上述方式将黄海公司的8车戊烷共计186.19吨售出，得款1191616元。按照某某液化气公司在上述交易时间的挂牌价格计算，被告人招某清至少将其中差价33855.70元占为己有。综上，被告人招某清共侵占黄海公司财物价值人民币330083.79元。

【争议焦点】

1. 在案证据是否已达到确实、充分的证明标准。

2. 认罪认罚程序能否在开庭时适用。

【案例评析】

（一）了解罪名立法历程

1. 1979 年，我国刑法对贪污罪作出了明确规定，但对职务侵占罪未作相关规定。

2. 1988 年，《全国人民代表大会常务委员会关于惩治贪污贿赂罪的补充规定》将贪污罪的犯罪主体细化为“国家工作人员、集体经济组织工作人员或者其他经手、管理公共财物的人员”。

3. 1995 年，《全国人民代表大会常务委员会关于惩治违反公司法的犯罪的决定》对公司董事、监事或者职工侵占公司财物的行为规定了侵占罪，对刑法予以补充。

4. 1997 年，我国《刑法》修订，将贪污罪的主体规定为国家工作人员，将非国家工作人员的公司、企业或者其他单位的人员，侵占本单位财物的，规定为职务侵占罪。

5. 2021 年，《刑法修正案（十一）》对职务侵占罪的法定刑作出了修改，将两档刑罚调整为“三年以下有期徒刑或者拘役，并处罚金”“三年以上十年以下有期徒刑，并处罚金”“十年以上有期徒刑或者无期徒刑，并处罚金”三档刑罚。

6. 2022 年，《最高人民检察院、公安部关于公安机关管辖的刑事案件立案追诉标准的规定（二）》第 76 条规定，公司、企业或者其他单位的人员，利用职务上的便利，将本单位财物非法占为已有，数额在 3 万元以上的，应予立案追诉。

从上述立法历程中可以看出，我国对公司类职务犯罪的打击态度是逐步细化的，从之前只有贪污犯罪的相关规定，到后来就犯罪主体身份的不同区分贪污犯罪与职务侵占犯罪，再根据行为人的犯罪金额、行为危害性调整量刑幅度。因本案发生在《刑法修正案（十一）》施行以前，若根据公安机关的指控，行为人涉嫌职务侵占的液化气货值约 270 万元，已属于数额巨大，将被判处 5 年以上有期徒刑。因此，在清楚了解量刑相关规定的情况下，厘清案件事实，仔细甄别、审查涉案金额的相关证据，在职务类犯罪中尤为关键。

（二）分析构罪要件，提出案件疑点

根据《刑法》第271条第1款（《刑法修正案（十一）》尚未施行时）的规定，公司、企业或者其他单位的人员，利用职务上的便利，将本单位财物非法占为己有，数额较大的，处五年以下有期徒刑或者拘役；数额巨大的，处五年以上有期徒刑，可以并处没收财产。从上述法律规定可以确认职务侵占罪的犯罪构成包括："公司、企业或者其他单位的人员""利用职务上的便利""本单位财物""非法占为己有""数额较大"五个构成要件，缺一不可。结合本案，根据在案材料，本案行为人招某清曾入职案涉公司，其任职仓储经理助理亦存在利用职务上便利的可能，因此辩护人主要将辩护焦点放在是否本单位财物、非法占为己有及构罪金额上。

首先，关于是否属于本单位财物问题。根据报案单位的说明材料，案涉液化气是第三方委托仓储的，报案单位不会针对该等液化气做财务统计，因此报案单位是否具有刑事控告的主体地位、液化气的变卖会否导致报案单位财产的减损等问题存在争议。并且，根据在案证据，报案单位部分人员称液化气是盘盈而来的，但根据正常从行业惯例和液化气、燃气存储的损耗规定来看，液化气在仓储期间一般只会发生减损，不会增加，即正常情况下盘盈是不可能发生的。另外，报案单位部分人员亦称曾为液化气注水。因此，辩护律师就案涉被指控侵占的液化气究竟是如何产生，"盘盈"的液化气本身是否具有真实性、合法性，被注水的液化气价值如何确定等疑点问题向公诉机关反馈了意见。

其次，就非法占为己有及犯罪金额而言。《刑法》中的"非法占为己有"是指行为人针对他人持有或所有的公私财物，具有积极排除他人占有、支配和控制的心理意图，并将他人持有或所有的公私财物置于自己或第三人占有、支配、控制之下。本案中，根据行为人本人的陈述及在案材料，行为人仅为赚取变卖液化气产生的差价，与公安机关指控的完全将公司的液化气变卖并占为己有有明显区别。因此，行为人的犯罪金额在辩护人提出各项疑点后，从被指控侵占约270万元变更至侵占33万余元。

（三）依法适用认罪认罚程序，维护当事人合法权益

在本案开庭前，公诉机关未适用认罪认罚从宽的法律程序，辩护律师在开庭前一日向公诉机关提出异议，并指出“这是被告人的一项诉讼权利，一旦被告人及其辩护人提出适用该法律程序，检察机关不得拒绝”。经公诉人与法院沟通联系后，在开庭当日，本案加补适用“认罪认罚从宽法律程序”，当庭启动相关流程，使被告人获得从宽处理，再次为被告人减少了3个月刑期。最终，人民法院采纳公诉机关及辩护人的意见，当庭宣判，判处被告人有期徒刑1年3个月。

综上而言，办理公司类职务犯罪案件，首先须熟练掌握相关法律法规，厘清罪与非罪的界限、罪重与罪轻的界限。其次从事实、证据方面着手，通过查阅卷宗、会见当事人，判断在案证据是否存有疑点，相关证据能否相互印证，否则应适用存疑时有利于当事人的司法原则，依法判处。最后，根据当事人的意愿依法申请认罪认罚，依法为当事人争取合法权益，有利于对行为人的改造与教育，在法律罚当其罪的前提下，使其尽早回归社会、回归家庭，将社会效果、法治效果相统一，维护社会的公正和谐。

被害人承诺阻却被告人的行为构成挪用资金犯罪

卢建雄*

【主旨提要】

银行职员挪用客户账户资金一般应认定为挪用资金犯罪，但被害人承诺阻却被告人的行为构成挪用资金犯罪的违法性，被告人将被害人资金挪出的行为不违法，但收受好处费的行为构成非国家工作人员受贿罪。

【基本案情】

（一）案件事实

2019年10月至12月，某华公司因经营急需资金，该公司股东刘某香通过昊胜公司实控人霍某找到被告人刘某某等人寻找融资渠道，通过朋友何工寻找资金。时任广州某银行云城分理处网点负责人的被告人孔某与被告人应某某、高某在得知上述情况后，与刘某某商议利用广州某银行作为某华公司向他人借款的融资通道。后经何工联系，时任中某胜公司法人代表禹某某同意提供资金，某华公司则承诺向禹某某支付顾问费135万元。同时，孔某、应某某、高某、刘某某为取得某华公司支付的“好处费”，经多次共同商议后，决定以中某胜公司在广州某银行云城分理处购买银行理财产品为由，将中某胜公司的3000万元资金转移至某华公司控制的账户。刘某香与禹某某均对此予以默认，而某华公司则允诺向孔某支付90万元、向刘某某支付20万元作为“好处费”。

2019年12月3日，刘某某及某华公司工作人员带中某胜公司工作人员到

---

* 卢建雄，广东谨然律师事务所高级合伙人律师。

上述分理处办理开户以购买银行理财产品，由孔某负责具体办理。按照四被告人事前所共同商议的方式，孔某私藏盖有中某胜公司公章的空白业务委托书，并转交给刘某某。同日中午，禹某某同某华公司工作人员签订了《理财产品顾问协议》。12 月 4 日，中某胜公司工作人员再次前往上述分理处办理购买银行理财产品业务，并向该公司在广州某银行开设的账户内存入 3000 万元。办理该业务期间，由于中某胜公司工作人员设置了账户密码，故孔某、刘某某二人决定相互配合，由刘某某偷窥得到中某胜公司工作人员输入的银行账户密码。之后，孔某向中某胜公司工作人员出具虚假的银行理财回执，使其误认为已成功购买 3000 万元的银行理财产品。待中某胜公司工作人员离开后，刘某某返回该分理处，冒充中某胜公司工作人员，使用上述非法取得的盖有中某胜公司公章的空白业务委托书及中某胜公司的银行账户密码，将中某胜公司在广州某银行账户内 3000 万元转入昊胜公司账户，随后霍某将其中的 2565 万元转入某华公司及其关联账户。事后，刘某香先转给霍某 135 万元，由其代为支付禹某某顾问费，霍某安排他人将该 135 万元转账至禹某某个人银行账户。随后，刘某香再次转给霍某 150 万元，由其分别支付孔某、刘某某等人“好处费”，其中孔某、应某某、高某、刘某某分别获利 50 万元、30 万元、10 万元及 10 万元。

2019 年 12 月 5 日，中某胜公司工作人员在查询公司账户情况时发现该公司用于购买银行理财产品的 3000 万元被挪用，该工作人员遂向禹某某报告。禹某某遂要求某华公司将上述款项退回。之后，中某胜公司经与某华公司、广州某银行协商后未能将上述款项全部追回，故该公司于 12 月 11 日向公安机关报案，遂案发。

（二）处理过程

公安机关 2019 年 12 月 13 日以诈骗罪立案，后检察院以挪用资金罪批捕，在退回补充侦查两次后，于 2020 年 8 月 7 日以被告人孔某、应某某、刘某某、高某的行为构成挪用资金罪提起公诉。

2021 年 7 月 7 日，法院在历经退回补充侦查、三次开庭后，作出判决。

（三）裁判结果和理由

法院判决：被告人孔某、应某某、刘某某、高某犯非国家工作人员受贿罪，分别判处有期徒刑2年6个月、2年6个月、2年6个月、1年8个月和并处罚金。

裁判理由：

1. 结合四名被告人的供述和其他证人证言及某华公司向孔某、禹某某等人支付高额好处费的事实，足以证实禹某某默许四名被告人将购买理财产品的3000万元转给某华公司使用，某华公司的刘某香亦知晓所涉资金来源于中某胜公司。

2. 被告人孔某等人并非中某胜公司的工作人员，资金也不是从中某胜公司账户挪出的；且资金的去向不符合挪用资金罪的法定罪状。

3. 某华公司与中某胜公司系事先预谋违规拆借资金，被告人孔某等人在借支双方达成合意的情况下，利用孔某的职务之便，违规操作，收取好处费，孔某等人的行为不是挪用资金。

4. 孔某是银行职员，并非在银行从事公务的人员，其行为构成非国家工作人员受贿罪；应某某、刘某某、高某借助孔某的特定身份，与孔某商议帮助某华公司获取资金，并共同收取好处费，是共同犯罪。

【争议焦点】

被告人孔某、应某某、刘某某、高某的行为是构成挪用资金罪，还是构成非国家工作人员受贿罪；抑或构成挪用资金罪和非国家工作人员受贿罪两罪，须数罪并罚。

【案例评析】

本案处理的关键是被害人中某胜公司的默许是否构成挪用资金犯罪行为的违法阻却事由。

犯罪行为之所以成立，是因为行为符合犯罪构成要件且违法。但如果存在违法阻却事由，则能排除行为构成犯罪。所谓违法阻却事由是指排除行为符合犯罪构成要件的事由，或者称为正当化事由。我国《刑法》总则所规定的正当防卫、紧急避险就是类型化的违法阻却事由。此外基于自己决定权违法阻却事由即被害人承诺和属于法益衡量阻却违法的事由如法令行为、行政许可等均在一定条件下可以成为违法阻却事由。

本案可以认定被害人承诺足以阻却四被告人的行为不构成挪用资金犯罪的理由是：

第一，本案四被告人与出资人中某胜公司、用资人某华公司等任何一方的人员并不认识，也没有任何利害关系，因此四被告人在主观上缺乏为了用资人某华公司可以使用资金，去铤而走险挪用出资人中某胜公司资金，实施侵犯财产犯罪的动机和目的。

第二，四被告人得到的被害人现实承诺信息如下：

1. 出资人中某胜公司和用资人某华公司已经使用案涉资金达成了贴息协议，谈妥了案涉资金是出资人中某胜公司明确给用资人某华公司使用的。

2. 中某胜公司是基金公司不能从事借款业务；某华公司是上市公司，如果借款就要公示，两个公司都很不方便，所以让他们帮忙借银行这个通道办理融资业务。

3. 用资人某华公司与昊胜公司的霍某为了这次融资借款签订了对赌协议，昊胜公司的霍某办不成这件事就要赔偿5000万元，并且某华公司还提供了抵押物清单，并愿意开具远期支票做抵押。

4. 用资人某华公司愿意为此支付3%的通道费给四被告人，即支付90万元的好处费。

上述这些承诺信息足以让本案四被告人在主观上产生了这样的认识：出资人和用资人已经就案涉资金借贷问题谈妥，且他们提供通道的帮助行为是得到出资人中某胜公司和用资人某华公司承诺的，并不是挪用客户的银行存款资金的侵犯财产犯罪行为。由于有了这样的认识，所以四被告人才会产生利用被告人孔某的职务之便，为出资人和用资人之间的融资提供通道帮助，以获得通道费的动机和目的，因此四被告人在主观方面所表现出的牟取非法利益的罪过更为明显。

同时，用资人某华公司收到了出资人中某胜公司的案涉资金3000万元，出资人中某胜公司的法定代表人禹某某也收到了用资人某华公司支付的贴息135万元等出资人和用资人的深度参与行为的情况，说明案涉资金3000万元的使用权转移给用资人某华公司，出资人和用资人是事先知道的，而通常挪用资金这类侵犯财产犯罪，作为出资人的中某胜公司属于被害人，被害人在事前并不知道自己资金的去处，也不会这么深度参与资金的安排和收取资金使用人的好处，因此这些案件事实足以认定被害人承诺阻却了根据《刑法》第185条第1款和第272条第1款的规定将本案四被告人所实施的行为评价为侵犯被害人财产的挪用资金犯罪。

从本案可以看出，侵犯财产的行为之所以构成犯罪，是因为行为人违背了财产所有权人或占有使用人的意志处分了财产，侵害了法益；但如果行为人的行为是在得到被害人的承诺下实施的，就可以排除损害被害人法益的行为的违法性。

黄某出具证明文件重大失实被判免予处罚案

黄　涛*

【主旨提要】

评估师职业有专业门槛，对从业人员有资质要求。评估师执业时必须严格遵循行业的评估规范，也必须履行法律规定的特定的专业义务。否则，将可能承担相应的刑事责任。

【基本案情】

被告单位某评估公司具有房地产估价资格，被告人黄某、毛某有房地产估价师资格，均在上述公司执业。2013 年下半年，某评估公司受罗某委托，对罗某名下一处房地产的抵押价值进行评估，为某公司在某银行申请两笔授信贷款办理房地产抵押提供价值参考依据，某评估公司承接上述业务后，指派黄某、毛某作为该业务的估价师。2013 年 9 月至 11 月，黄某、毛某在对罗某上述房地产的抵押价值进行评估过程中，没有尽职实地查勘和核实产权资料，错误评估抵押物价值并出具两份内容严重失实的《房地产抵押估价评估报告》（错评抵押物价值为 3357 万元，后经评估抵押物价值约 700 多万元），导致某银行采信了评估报告，先后审批发放贷款 2600 万元给某公司，扣除银承保证金 600 万元，实际敞口为 2000 万元。某公司、罗某在取得贷款后没有归还贷款，因而造成某银行的重大损失。

* 黄涛，广东海际明律师事务所律师。

【办案过程】

（一）控方意见

公诉机关认为：1. 涉案估价报告的失实和银行重大损失的后果存在因果关系。2. 被告人黄某、毛某身为注册房地产估价师，在估价过程中没有到现场勘查，也没有认真审核估价材料，在履行房地产评估工作过程中严重不负责任，导致估价失实，其行为已构成出具证明文件重大失实罪。3. 被告单位也构成相应的单位犯罪。黄某、毛某经传唤自动归案，归案后如实供述自己的犯罪事实，属自首，依法可以从轻处罚。

（二）辩方意见

辩护人认为黄某不构成出具证明文件重大失实罪，理由如下：1. 某银行工作人员未如实、全面、严格审查某公司的申请贷款资料，是导致本案贷款损失的直接原因，某公司和罗某等人骗贷是贷款损失的根本原因。本案贷款损失与评估报告、评估公司没有直接、必然、充分的因果关系，更与估价师没有因果关系，故黄某作为估价师不应承担罪责。2. 按照评估公司与罗某的估价业务关系，向罗某出具的两份估价报告的性质与罗某、某公司给银行的其他资料一样，都属于一方的申贷资料，估价报告不是直接对银行负责的。3. 估价报告仅对委托人罗某负责，在罗某恶意欺骗下，评估报告出错的相应责任应由罗某全部负责，不应由评估公司、估价师承担责任。4. 黄某没有实地查勘估价物是评估公司内分工合作的工作安排，黄某对同事彭某提供的现场查勘材料已作认真审查，对于本职工作已尽所有审慎和注意义务，并没有严重不负责任，没有过失。5. 即便黄某的行为存在违规之处，其行为也是评估公司要求和安排的行为，属于单位法人行为；如构成犯罪，也应由评估公司承担相应罪责。6. 评估公司应承担依法依规制定评估流程、规范管理评估活动、严格审核评估报告等责任，其实质和重要性远大于执行该流程的估价师应承担的责任，不能割裂地只单独强调估价师专业责任。请求判决黄某无罪。

（三）法院判决

法院认为：根据法律规定，出具证明文件重大失实罪是指由于工作严重不负责任而出具了重大失实的证明文件，造成严重后果的行为。现有证据证实，被告单位评估公司接受罗某的委托，按公司工作常态、惯例，组织、安排人员审核罗某提交的相关资料、现场查勘估价对象，确认估价师黄某、毛某作出的估价意见，向罗某提交估价报告，并收取罗某相应的费用。本案中，1. 黄某、毛某是具有房地产估价师资格的注册估价师，应当在全面认真仔细审查、核实相关资料的情况下作出估价并出具相应的房地产评估报告，但其二人在履职过程中，未严格按行业规范亲自到现场查勘、未认真审查资料即出具估价意见，属于严重不负责任的行为，主观上均具有过失。2. 被告单位出具的评估报告导致某银行对某公司第二还款来源作出错误判断，为罗某申请贷款提供了一定帮助。但罗某的故意骗贷行为和某银行未调查、核实罗某提交的第一还款来源（租赁协议、供货合同）及第二还款来源（抵押物情况）才是导致贷款发放的最根本、最主要原因，银行对贷款资金的流向怠于检查、追踪，更是导致银行损失的重要原因，且案发后银行经民事诉讼挽回了部分损失。因此，黄某、毛某作为承担资产评估职责的中介组织的人员，严重不负责任，出具的证明文件有重大失实，造成严重后果，其行为均已构成出具证明文件重大失实罪。黄某、毛某经传唤主动归案，归案后如实供述自己的罪行，是自首，依法可以从轻处罚。本案属多因一果，黄某、毛某犯罪情节显著轻微，不需要判处刑罚，可以免予刑事处罚。公诉机关指控某评估公司构成犯罪的证据不足。依照《刑法》第 229 条第 3 款、第 67 条第 1 款、第 37 条，《刑事诉讼法》第 195 条第 3 项的规定，判决：被告人黄某、毛某犯出具证明文件重大失实罪，免予刑事处罚；被告单位某评估公司无罪。

【争议焦点】

1. 评估报告与某银行损失之间是否存在因果关系？
2. 黄某、毛某是否构成犯罪？
3. 某评估公司是否构成单位犯罪？

【案例评析】

估价师也称为“资产评估师”，是经资产评估师职业资格考试合格，取得《资产评估师职业资格证书》并经中国资产评估协会登记的资产评估专业管理人员，主要从事资产评估的工作。可见评估师这一职业是有专业门槛的，有相应资质的要求，需要通过考试并取得国家认可的资格证书方可执业。评估师作为专业人士，执业必须严格遵循行业的评估规范，也必须承担法律赋予的特定的专业义务。

现在我国还没有专门的《评估师法》，评估工作要遵循的规范主要散见于住房和城乡建设部、财政部等各部门的行政规章中，比如现行的住房和城乡建设部的《房地产估价规范》、财政部的《资产评估基本准则》等。

在法律层面，《刑法》第229条第1款对于评估人员行为构成犯罪的也有专门规定：“承担资产评估、验资、验证、会计、审计、法律服务、保荐、安全评价、环境影响评价、环境监测等职责的中介组织的人员故意提供虚假证明文件，情节严重的，处五年以下有期徒刑或者拘役，并处罚金；有下列情形之一的，处五年以上十年以下有期徒刑，并处罚金：（一）提供与证券发行相关的虚假的资产评估、会计、审计、法律服务、保荐等证明文件，情节特别严重的；（二）提供与重大资产交易相关的虚假的资产评估、会计、审计等证明文件，情节特别严重的；（三）在涉及公共安全的重大工程、项目中提供虚假的安全评价、环境影响评价等证明文件，致使公共财产、国家和人民利益遭受特别重大损失的。有前款行为，同时索取他人财物或者非法收受他人财物构成犯罪的，依照处罚较重的规定定罪处罚。第一款规定的人员，严重不负责任，出具的证明文件有重大失实，造成严重后果的，处三年以下有期徒刑或者拘役，并处或者单处罚金。”

以上是涉及评估师的“提供虚假证明文件罪”和“出具证明文件重大失实罪”两项罪名。在本案中，作为评估师的黄某之所以构成“出具证明文件重大失实罪”，是因为其有重大过失。虽然主观上黄某没有帮助申贷人某公司和罗某骗取贷款的故意，但客观上黄某没有依据评估的规范要求对评估房产进行现场查勘，没有认真核对审查评估物的产权资料，而是轻信了本公司同事错误的查勘和核对结果，导致出现评估错误，虽免予承担刑事责任，但仍被认定为犯罪，教训不小，需引以为戒。

该案例中仍存在争议的是，究竟评估师的行为是否属于评估公司的职务行为，黄某和毛某的行为是否属于评估公司的法人行为，评估公司是否构成犯罪。法院的判决对此并没有展开论述，笔者作为辩护人对此仍有一定的保留意见。

六、律辩杂谈

海上救生信号弹被列入管制前，是否属于刑法上的爆炸粉

洪树涌*

【主旨提要】

海上救生烟火信号弹属于国际公约约定的海上远洋船舶必备的救生装置。但在我国民用爆炸物的相关行政法规并未完善，海上救生烟火信号弹是否属于法律意义上的民用爆炸品、相关行业企业如何申领和使用海上救生烟火信号弹，这些问题均未有行政法规予以完善和规制。刑法具有谦抑性，行政法未列入管制的民爆品，是否刑法意义上的爆炸物？

【基本案情】

当事人郑某于2020年10月17日被某市公安局以涉嫌非法买卖爆炸物罪刑事拘留，笔者接受其家属委托后，发现郑某系广州某某船舶装置技术服务有限公司（以下简称某某船舶）的负责人，其所谓非法买卖爆炸物，实际上是其通过合法途径购买的海上烟火信号救生装置，而该装置属于法律上所未创设的行政许可，国内对于该装置的购买基本处于无法可依的状态，而郑某曾向政府部门申请许可也未获回复。故笔者迅速通过对国内与国际海洋相关立法的检索，以及对相关行业协会进行调查探访，出具了多份案件法律意见书，最终检察院采纳了笔者的法律意见，对郑某作出不批准逮捕决定，并于1年后解除取保候审，作出撤案决定。

---

* 洪树涌，广东广信君达律师事务所高级合伙人、管委会委员、刑事专业部部长，泓法刑辩律师战队负责人，广东省中立法律服务社疑难案件处理中心主任。

其中，笔者提出以下几点辩护意见：

（一）某某船舶创立时，相关法律法规并未规定将烟火信号救生装置内的信号弹规定为民用爆炸品，郑某主观上不具有非法买卖爆炸物罪的主观故意。

1. 某某船舶创设时并获得海事局颁发的救生筏检修站认可证书时，并无相关法律规定将海上烟火信号救生装置规定为民用爆炸品。

国务院于2006年5月颁布的《民用爆炸物品安全管理条例》，于2006年9月才生效。但据郑某及家属提供的由海事局颁发的气胀式救生筏检修站认可证书显示，发证日期是2003年9月25日，即某某船舶在获得海事局颁发的救生筏检修站认可证书时，《民用爆炸物品安全管理条例》还未颁布并生效，按法无明文规定禁止即许可的法理，2003年至2006年郑某可以因船舶装置维修，持有或保有烟火信号救生装置。侦查机关据此认定郑某非法买卖民用爆炸物品无法理依据。

2. 2019年，相关部门才颁发规范性文件，规定将海上烟火信号救生装置归入民用爆炸物品安全管理体系中。即2006年到2019年，相关部门并未把海上烟火信号救生装置归入属公共安全的民用爆炸物品安全管理体系中。

据辩护人从广东政务服务网上查询了解到，并无关于民营企业申请持有、使用民用爆炸品的相关渠道，即普通企业或公民想申请，也无法从公开的政府部门申请相关许可。

广东省内相关行业协会曾于2020年11月向某市公安局申请关于船用烟火信号的《民用爆炸品购买许可》，一直没得到相关部门的回复或许可，即郑某即使想向有关部门申请，也无法从公开的政府渠道申请。

（二）郑某客观上并未实施民用爆炸物品的生产、销售、购买、运输和爆破作业的行为。郑某所属的企业为国际航行的船舶更换的海上烟火信号救生装置，即通过主管的海上管理行政机关认可。

首先，相关国际法明确规定国际航行船舶所有的救生艇、救生筏和救生浮具应当配有海上烟火信号救生装置并具有即刻可用性。这就要求船舶停靠的相关缔约国家港口，必须向停靠的船舶提供检查海上烟火信号救生装置的服务，确保海上烟火信号救生装置的有效性。

我国已于1980年加入《1974年国际海上人命安全公约》，该公约第3章第11条规定，救生艇的属具包括：……（14）能于高空发出明亮红光的认可型降落伞信号4支，发出明亮红光的认可型手持火焰信号6支；（15）能产生大量橙黄色烟雾（供白昼用）的认可型漂浮发烟信号2支。第17条规定，气胀式与刚性救生筏的属具，内包括：……（13）能于高空发出明亮红光的认可型降落伞遇险信号2支；（14）能发出明亮红光的认可型手持火焰信号6支。

另外，《1974年国际海上人命安全公约》第4条还规定，救生艇、救生筏和救生浮具的即刻可用性：一、对适用本章船舶的救生艇、救生筏和救生浮具所定规则的总原则是在紧急时这些救生设备应即刻可用。二、为求能即刻可用，救生艇、救生筏和救生浮具应符合下列条件：（一）即使在不利的纵倾及横倾15°的情况下，它们亦应能安全并迅速地被降落下水；（二）应能迅速而秩序良好地登入救生艇或救生筏；（三）各救生艇、救生筏或救生浮具的布置，应不妨碍其他救生艇、救生筏和救生浮具的操作。三、在船舶离港前及在整个航行时间内，一切救生设备应保持可用状态，并可以随时使用。

其次，郑某及所在公司是经海事局及船级社认可的，具备更换气胀式与刚性救生筏的属具的企业。

再次，海事局和船级社对某某船舶公司的历年检查中，海事局和船级社均无提及相关企业负责检验、更换烟火信号救生装置的，需按《民用爆炸物品安全管理条例》向有关部门申请许可。

最后，郑某所在公司在更换气胀式与刚性救生筏的属具过程中，不存在《民用爆炸物品安全管理条例》规定的生产、销售、运输和爆破作业的行为。

（三）对郑某采取的强制措施，已影响相关行业生存和发展的情况。

生产制造业以及专业维修等行业领域，因自身产生性质所决定在经营过程中存在安全生产的风险，企业经营过程中只能将该风险尽可能降到最低，以及万一发生事故后的妥善处理，任何一个企业不可能保证自己百分之百做到无经营风险，这不符合事物发展规律。

【争议焦点】

公安局以郑某涉嫌非法买卖爆炸物罪对其进行刑事拘留是否合理、合法？

【案例评析】

郑某作为该公司负责人，其被刑拘，又被予以不批准逮捕决定的经历也证明了国家对海上烟火信号救生装置监管领域的重视，此案是对“法无禁止即可为”的公民权的保障，也是对“法无授权则不可为”的行政原则的贯彻。

郑某案是一个有着正面意义的个案，无论是其自被刑事拘留第二天就联系律师及早介入，还是律师通过大量的实地走访与法律法规查阅，最后坚定地坚持在法律空白领域给予当事人无罪的法律意见，乃至检察机关也秉持“法无禁止则可为”，不草率逮捕的执法原则，三者都对中国法治事业的发展有着促进意义。

逃逸与死亡无因果关系不构罪

——李某交通肇事罪不起诉案

陈进兴*

【主旨提要】

《最高人民法院关于审理交通肇事刑事案件具体应用法律若干问题的解释》（以下简称《解释》）所规定的“交通运输肇事后逃逸”，是指行为人在发生交通事故后为逃避法律追究而逃跑的行为，是交通肇事罪的情节加重犯。该情节的成立条件有二：一是行为人的交通肇事行为必须已构成交通肇事罪的基本犯，二是行为人必须是基于逃避法律追究的目的而逃跑。虽然发生交通肇事，但是如果行为人肇事行为不具备交通肇事罪基本犯的某项构成条件而达不到犯罪的程度，即使逃逸，也不属于《解释》所规定的“交通运输肇事后逃逸”。司法实践中，有些交警部门对发生交通事故后逃逸的，推定为负主要责任，但这种“推定”是依照行政法规的推定责任，而非刑法中因果的认定，不能据此而推定被告人有罪。本案对认定逃逸型交通肇事罪以及对认罪认罚从宽制度的适用有一定参考意义。

【基本案情】

2003年9月19日8时，被告人李某驾驶的小货车行至某路段，与樊某驾驶的摩托车发生碰撞，樊某摩托车失控倒地，被后方来车碾轧，樊某当场死亡。经过鉴定，樊某系因头部受到外界巨大钝性暴力致严重颅脑损伤而死亡，其损伤符合交通事故所致。

---

* 陈进兴，广东国智律师事务所高级合伙人。

事故后，被告人李某驾车逃逸。经交警部门核定，被告人李某承担事故主要责任，死者樊某承担次要责任。案发14年后，公安机关对李某跨省抓捕，李某被检察机关批准逮捕，羁押在看守所。

接受委托后，辩护人第一时间到看守所会见。发现检察官已来提审过被告人，经检察官的释法说理，被告人已同意认罪，且签署了《认罪认罚具结书》。从某种意义上讲，被告人都认罪了，检察官也审查过全案的证据材料，该案定性按理没有问题。辩护人在核实被告人为何认罪时，其认为既然死了人，那肯定是有罪的。但辩护人在向被告人核实交通事故发生的细节时，发现被告人对案发经过描述模糊，很多细节其自己也讲不清。被告人的一个描述引起了辩护人的高度注意："我当时是正常行驶，突然听到后面嘣的一声，下车看，发现路上有个人，就开车走了。"辩护人内心产生了疑问，被告人案发时是否违反了交通管理法规？其行为与死亡结果之间是否存在因果关系？辩护人会见完之后，及时向检察院申请阅卷，拿到了卷宗材料。

辩护人仔细研究卷宗材料的细节，根据证据努力还原案发经过。辩护人发现，交警部门出具的《道路交通事故认定书》中认定李某承担此事故的主要责任，主要是基于被告人李某事故后驾车"逃逸"。辩护人认为该认定不合理，理由如下：

第一，《道路交通事故认定书》认定的"被告人驾驶的小货车与死者驾驶的摩托车碰撞，造成摩托车失控倒地"与事实不符。事实是死者驾驶摩托车高速超车，未与被告人的小货车保持合理距离，导致撞上被告人的小货车的左后灯位置后倒地。

第二，《道路交通事故认定书》中的责任划分错误。被告人李某在事故发生时未违犯交通运输法规，死者死亡是因倒地后被后方来车碾轧当场死亡，因此责任划分应该在后方来车与死者之间进行。运用行政推定进行事故责任划分的前提是逃逸导致无法查明事实时才适用，本案属于能够查明事实，不能直接适用。

第三，李某事故后虽未停车、保护现场，但该行为不是导致死者死亡的原因，死者是倒地后被后方来车碾轧当场死亡。虽然被告人事后有逃逸行为，但死者的死亡结果也并非李某的逃逸行为导致，李某的行为和死亡结果之间没有刑法上的因果关系。

由于被告人已认罪并且签署了《认罪认罚具结书》，同意判决有期徒刑1年6个月，如果草率作无罪辩护，将面临检察官撤回量刑建议并在法庭上建议法官从重处罚的风险。无罪辩护的压力较大，鉴于此，辩护人召开了内部律师研讨会，组织多名办理过交通肇事罪的律师就本案的焦点问题开展研讨，最终大家均一致认为被告人不构成交通肇事罪。随后，辩护人形成了近十页的详细的律师意见，提交经办检察官。

不止于此，辩护人还寻找案例支持辩护人的观点。辩护人留意到一年前《广州日报》报道了一起交通肇事案件，跟本案的案情十分相似，最终法院也是判决无罪，这也进一步佐证了辩护人的判断，增加了辩护人的底气，辩护人将以上的报道提交给检察官，并补充了律师意见。检察机关最终采纳了律师无罪辩护意见，对李某不予起诉。

【争议焦点】

1. 被害人的死亡与嫌疑人的行为是否有刑法上的因果关系？

2. 《道路交通事故认定书》中的责任划分推定是否可以直接用于刑事责任认定？

【案例评析】

认罪认罚从宽制度的适用前提是事实清楚、证据确实充分，不能仅因为被告人自愿甚至主动申请适用认罪认罚从宽制度而降低司法机关的举证证明义务，也不能因为认罪认罚而降低犯罪的证明标准，不能以从宽处罚作为“交易”来说服被告人认罪伏法。作为辩护律师，作为法律专业人士，即便被告人已认罪，依然要认真审核证据材料，认真履行应有的辩护职责，避免辩护失职，避免造成冤假错案。

从不具备合同履行能力证明非法占有目的的控告立案

——官某控告孙某合同诈骗罪一案

常 琪*

【主旨提要】

以真实项目为借口诱骗控告人签订合作协议，被控告人在合同签订前至合同签订后均不具备履约能力，也未积极创造履约条件，非法侵吞控告人投资款，其主观具有非法占有目的，应当以合同诈骗罪论处。

诉讼代理人接受委托后，及时搜集、梳理被控告人不具备履约能力的证明材料，穷尽刑事控告、复议、复核、立案监督等救济方式，最终通过检察机关的立案监督达成控告立案。

【基本案情】

控告人官某系香港永久居民，与孙某是同学关系。2017年10月，孙某主动联系官某，告知发现一个很好的地产项目，邀约官某一同合作开发。其间，孙某先后向其出示了4份协议及一份尽职调查报告以表示项目的可行性。

2017年11月22日，官某与孙某实际控制的通某公司、旭某公司、赚某公司签署《合作协议》，约定官某通过投资赚某公司20%的股权间接享有目标地块16%的股份，协议约定官某承担的投入成本为2720万元，通某公司承担的投入成本为1.088亿元。

签署协议后，官某如约向赚某公司交付投资款2740万元，孙某则未按约

* 常琪，广东美利天律师事务所律师。

履行出资义务，仅出资2160万元，并利用官某的投资款以赚某公司名义向宜某公司注资4900万元，使赚某公司取得宜某公司70%的股权，但在赚某公司取得宜某公司股权后，孙某未按合同约定继续履行出资义务开发目标地块，相反，孙某通过其实际控制的赚某公司在宜某公司享有的大股东权利，以签订虚假咨询合同的方式侵吞宜某公司资产。并在2019年1月4日，隐瞒官某私下与李某、通某公司、宜某公司、赚某公司签署《〈合作经营协议〉补充协议二》，约定由其实际控制的通某公司对目标项目享有实际控制权、管理权、决定权，然而根据官某与孙某之间的《合作协议》，官某并不享有通某公司的任何权益。即孙某隐瞒官某，在官某不知情的情况下以《〈合作经营协议〉补充协议二》彻底排除、否定了二人之间《合作协议》的内容，使该《合作协议》名存实亡，官某无法保障自己的合法权益。该《合作协议》签订之日直至官某报案历时3年，孙某在3年期间均未履行出资义务开发约定的目标项目。

【办案过程】

听取控告人陈述后，诉讼代理人对案涉协议涉及的相关法律关系进行全面梳理，认为孙某通过签署6份关联协议，设计了一系列错综复杂的合同关系，以表面合法的合同关系掩盖其非法占有控告人财产之目的，合同项目虽然存在真实地块，但孙某在诱骗官某签订合同时并没有履约能力，且合同签订之后也没有履约能力，不仅拒不履行合同，相反利用其他合同的约定内容否定了与官某之间的合同权益，使官某没有途径解决该争议，无法实现合同目的，孙某的行为符合合同诈骗罪的立案条件，司法机关依法应当立案侦查。

2020年4月28日，诉讼代理人协同控告人官某到案发地某市经济犯罪侦查大队报案，现场提交《刑事报案书》《证据清单》（随附证据材料28份共193页），并要求公安机关出具《受案回执》《接受证据材料清单》，现场对报案人官某进行调查询问，制作《询问笔录》。公安机关受理本案后，诉讼代理人向办案人员提交了《调查取证申请书》及《孙某行为符合认定合同诈骗的法律关系分析意见》。

2020年6月24日，公安机关以合同项目真实不涉嫌犯罪为由对本案不予立案。收到《不予立案通知书》后，诉讼代理人对公安机关的不予立案提出了复议申请，复议被驳回后，向上一级公安机关提出了复核申请及向作出不予立案决定的公安机关的同级检察机关提出立案监督申请，向检察机关提交了《刑事立案监督申请书》（随附证据材料复印件200页）等14份相关材料，向检察机关经办人当面反映本案事实及报案情况，并向检察机关提交多份《调查取证申请》《证据线索说明》《事实补充》《是否构成合同诈骗罪的法律分析说明》等材料。

2021年1月21日，检察机关书面通知公安机关应当予以立案。2021年1月25日，公安机关依法对本案予以立案侦查。

【争议焦点】

合同项目真实的情形下，对于一方在合同签订时没有履行能力或拒不履行合同的行为是否符合认定合同诈骗？

【案例评析】

被控告人孙某通过签署6份关联协议，设计了一系列错综复杂的合同关系，以表面合法的合同关系掩盖其非法占有控告人财产之目的。诉讼代理人通过全面梳理案涉每一份合同的法律关系，收集到孙某系6份关联协议内多家关联公司实际控制人的证据材料，发现孙某在诱骗控告人签署《合作协议》期间其名下多家公司及其本人均已被人民法院列为失信名单，根本不具备履约能力的证据材料。结合孙某未按约履行出资义务，不仅没有为开发项目地块筹措资金，相反利用控告人的投资款以赚某公司名义向宜某公司注资，在赚某公司取得宜某公司70%的股权后，孙某通过其实际控制的赚某公司在宜某公司享有的大股东权利，以签订虚假咨询合同的方式侵吞宜某公司资产，并隐瞒控告人，私下与他人签订其他协议，彻底排除、否定了与控告人之间的《合作协议》的内容，使该《合作协议》名存实亡，使控告人无法保障自己的合法权益。

从上述事实可以论证，虽然孙某诱骗官某签订的《合作协议》中项目存在真实性，但孙某在合同签订时并不具备履约能力，合同签订后也没有履行合同的诚意，不仅没有为履约创造条件，相反将官某的投资款非法占有，拒不返还，孙某的上述行动足以证明其根本无意履行合同，完全是出于骗取财物的目的。因此，应当以合同诈骗罪论处。

网上追逃后被抓获是否还可认定为自首

唐文聪*

【主旨提要】

被告人在被害单位报案前已向被害单位交代了犯罪事实，在被害单位报案后也主动到公安机关接受询问并如实交代了全部犯罪事实，公安机关当时未予以刑事立案。后来公安机关对案件立案侦查，在未通知、传唤被告人到案接受调查的情况下，对被告人直接作出刑事拘留决定并于同日上网追逃，被告人在使用他人身份证件购买车票乘车时被抓获。被告人在被抓获后也如实供述了全部犯罪事实。

根据《刑法》第67条第1款的规定，犯罪嫌疑人犯罪以后自动投案，如实供述自己的罪行的，是自首。本案被告人在未受到讯问、未被采取强制措施时，已主动、直接向被害单位、公安机关投案，依法应认定为自动投案。但《最高人民法院关于处理自首和立功具体应用法律若干问题的解释》第1条规定，犯罪嫌疑人自动投案后又逃跑的，不能认定为自首。本案被告人于公安机关刑事立案后被上网追逃抓获，是否属于自动投案后又逃跑的情形？其于立案前主动投案并如实交代犯罪事实的行为是否仍可认定为自首？

【基本案情】

2013年12月下旬，被告人陈某某为筹集承建的工程项目资金，伪造了合作单位的印章，在合作单位不知情的情况下，将合作单位作为共同借款人向外借款共计5000万元，并使用伪造的印章签订相关借款协议。

---

* 唐文聪，上海锦天城律师事务所高级合伙人。

2016年1月，合作单位发现被告人陈某某私刻印章的行为，被告人陈某某在合作单位召开的会议上承认了私刻印章并向外借款5000万元的事实。

随后，合作单位向公安机关报案，被告人陈某某到公安机关接受了询问，如实交代了私刻合作单位印章向外借款的事实，公安机关之后对合作单位被伪造公司印章一案作出不予立案决定。

2018年5月，时隔2年多后，公安机关以检察机关要求立案为由对案件予以立案侦查，在立案后对陈某某作出刑事拘留决定并于当日上网追逃，陈某某用他人的身份证购票乘坐高铁时被公安机关抓获。

2019年1月，公诉机关向法院提起公诉，指控被告人陈某某犯伪造公司印章罪。

被告人陈某某及辩护人对公诉机关指控的犯罪事实不持异议，但辩护人提出了以下的辩护意见：

1. 被告人陈某某在公安机关未正式立案前、未受到讯问前、未被采取强制措施前已主动、如实向被害单位、侦查机关交代了全部犯罪事实，由于侦查机关于陈某某投案后未正式立案，未对陈某某采取强制措施，但并不能因此而否定陈某某具有自动投案的行为。根据《刑法》第67条第3款、《最高人民法院关于处理自首和立功具体应用法律若干问题的解释》第1条的规定，被告人陈某某应认定为具有自首情节。

2. 陈某某在主动接受侦查机关的询问后，联系方式一直没有改变，侦查机关于时隔2年多后才正式立案，并没有依法传唤过被告人，陈某某根本不知道案件已被正式立案。根据《公安机关执法细则（第三版）》第29-03条规定，公安机关对犯罪嫌疑人进行网上追逃的条件为：对涉案的犯罪嫌疑人已经办理了拘留或者逮捕的法律手续，缉捕时发现犯罪嫌疑人潜逃，在1个月内未能缉捕归案的，才能上网追逃。本案侦查机关在正式立案后，并没有联系或传唤过被告人，被告人也没潜逃，而且侦查机关于2018年9月13日才作出对被告人采取刑事拘留措施的决定，并于当日即上网追逃，未满足上网追逃的条件，公安机关对陈某某采取的上网追逃措施明显错误，同时也致使被告人在不知道已立案情况下被其他公安机关抓获，失去了在正式立案后再次自动投案的机会。

3. 陈某某一直与被害单位合作项目，一直担任被害单位所控制的项目公司的副总经理，一直与被害单位的员工一起上班、工作，被害单位完全知道被告人陈某某的工作地点、住处及行踪，公安机关随时可以联系并找到被告人，完全不需要进行上网追逃。而且，陈某某于2016年就已主动投案并如实交代了全部犯罪事实，完全没有必要再通过上网追逃方式抓获归案，其行为完全符合法律关于自首的立法本意，应被认定为具有自首情节。

4. 被告人陈某某是失信被执行人，无法用自己身份证购买车票，所以才以他人身份证购买车票。但其在民警查票时，出示的证件是自己的身份证件，陈某某用他人身份证购买车票乘车的行为不能认定为潜逃行为。

法院经审理后，认定被告人陈某某构成伪造公司印章罪，并认为公安机关接受被害单位报告后对被告人陈某某作了询问笔录，被告人陈某某如实交代其私刻印章的事实，但公安机关之后并未对案件予以立案侦查或对被告人陈某某采取强制措施。时隔2年多后公安机关对案件重新立案侦查，但并没有依法传唤被告人而直接上网追逃，被告人虽没有自动投案情节。鉴于其在侦查机关采取强制措施及立案前已如实交代其犯罪事实，其行为符合刑法中自首的立法本意，应认定为自首。法院最终认定被告人陈某某具有自首情节。

【争议焦点】

被告人于立案前已投案并如实交代犯罪事实，公安机关立案后未依法传唤被告人即上网追逃，被告人是否可认定为具有自首情节？

【案例评析】

本案案情简单，所涉罪名亦为常见罪名，控辩双方对被告人的犯罪事实和罪名均无异议，唯独对是否具备自首情节存在争议。被告人是被网上追逃后，用他人身份证购买车票乘坐高铁时被公安机关抓获，表面上，符合畏罪潜逃的行为表现，故公诉机关认为被告人不具备自首的自动投案条件，不能认定为自首。

但本案被告人确实在刑事立案前已主动向被害单位承认了伪造公司印章

并用于对外借款的事实，在被害单位报案后也主动到公安机关投案，接受公安机关的询问，如实交代了全部犯罪事实。根据《刑法》对于自首的规定及立法精神，本案被告人的行为依法应认定为自首。公安机关虽然后来对案件予以立案侦查，但在被告人联系方式、居住场所、工作单位等未变更的情况下，未依法通知、传唤被告人到案接受调查，直接上网追逃，不应影响被告人自首情节的认定。此外，虽然并无法律、法规对网上追逃的适用条件作出明确规定，但《公安机关执法细则（第三版）》第 29-03 条规定，公安机关对犯罪嫌疑人进行网上追逃的条件为：对涉案的犯罪嫌疑人已经办理了拘留或者逮捕的法律手续，缉捕时发现犯罪嫌疑人潜逃，在 1 个月内未能缉捕归案的，才能上网追逃。本案被告人的联系方式、住址、工作场所均未发生变更，被害单位亦清楚知道被告人的情况，公安机关随时可以找到被告人，但公安机关在未通知、传唤被告人到案的情况下，在办理拘留手续的当日即上网追逃被告人，不符合该细则对网上追逃的适用条件。因此，本案法院不局限于立法的有限规定，不死板地适用法律规定，而是根据案件实际情况，结合立法精神，对本案被告人的自首情节给予了认定，为今后网上追逃是否能够认定自首情节提供了新的生效判例，为同类或者相关案件提供了指导作用。

网上追逃并不是一个法定的刑事强制措施，法律法规关于网上追逃的规定极其有限，至今无法律法规对其适用条件作出明确规定，只是公安部有内部规定。因此本案法院并不直接认定公安机关的网上追逃措施是错误的，但实际上已间接认定了公安机关未经依法传唤就直接上网追逃被告人存在不当，通过司法实务弥补了立法的不足或者空白，为以后认定网上追逃的适用是否正确提供了借鉴及指导。

在刑事案件中，有相当一部分的犯罪嫌疑人是通过网上追逃的方式被抓获归案，在缺少法律规定的情况下，刑事律师应打破网上追逃后被抓获的犯罪嫌疑人不能认定为自首的惯性思维，不能一律认为被网上追逃抓获的犯罪嫌疑人均不能认定为自首，而是应根据具体个案的情况，引用《公安机关执法细则（第三版）》关于网上追逃适用条件的规定，为犯罪嫌疑人或被告人争取自首的认定。

诉讼时效在无罪辩护中的运用

贺奎奎*

【主旨提要】

刑事辩护中辩护人经常较为注重案件实体方面的辩护内容，但对有一些案件来讲，程序方面的辩护更为重要。就本案而言，辩护人针对追诉时效方面存在的问题予以重点关注和研究，从多角度对本案存在超过追诉时效的情形进行了详尽的论述。最终，法院认可了辩护人的观点，裁定本案终止审理，本案取得了无罪辩护的良好效果。

【基本案情】

1996年2月9日晚，王某（另案起诉）被他人要求请吃饭以化解相关纠纷未果，遂纠合本案被告人吴某、同案人邓某峰到一处大排档附近路段，持工具追打被害人郑某至一菜地并致其死亡。经过鉴定，被害人郑某符合被他人用锐器刺伤全身多处，造成左髋内静脉破裂，盆腔大量积血，导致失血性休克而死亡。

2020年8月10日，白云区公安分局对吴某立案侦查，同月14日对吴某刑事拘留。2021年1月6日，白云区人民检察院以吴某涉嫌故意伤害罪向白云区人民法院提起公诉。

2022年1月29日，白云区人民法院以案件已过诉讼时效为由裁定本案终止审理，吴某于当晚被无罪释放。

---

* 贺奎奎，广东合邦律师事务所律师。

【办案过程】

刑事律师在办理刑事案件的过程中不仅要从实体方面分析行为人的行为是否构成犯罪、构成此罪还是彼罪，还要从程序方面、穷尽一切方法挖掘出罪的可能性。

本案是典型的深挖程序规定、巧用诉讼时效制度实现无罪辩护的成功案例。

本案案发时间为 1996 年 2 月，立案时间为 2020 年 8 月 10 日，中间经过了 24 年有余，且吴某属于未成年人，根据其当时的涉案情节，依法应当被判处的最高法定刑为 10 年以上有期徒刑，对其的追诉时效应为 15 年。具体辩护意见节选如下：

（一）本案已过 15 年追诉时效

根据我国法律的规定，犯罪追诉时效中的法定最高刑是指根据犯罪分子的犯罪性质和法定情节，与其所犯罪行相对应的刑法分则条文规定的处刑档次中的最高刑。

具体到本案中，即便被告人吴某的行为确实构成犯罪、公诉机关的指控确实属实，但吴某在本案案发时系未成年人且属于从犯，因此不可能对吴某判处无期徒刑或死刑。同时，结合吴某其他涉案情节，最终对吴某的量刑最多为 10 年以上有期徒刑。因此，根据《刑法》第 87 条第 3 项之规定，对吴某的追诉期限应为 15 年。

而且，被害人于 1996 年 2 月 9 日死亡，意味着犯罪行为已经结束，完全不存在连续状态，因此追诉期限的起始日期应当是 1996 年 2 月 9 日，即 2011 年 2 月 9 日为对吴某追究刑事责任的最后一日。

即便公诉机关认为吴某的最高法定刑应当为无期徒刑、适用 20 年的诉讼时效且可以在时效经过后继续追诉，也需要报请最高人民检察院核准。《最高人民检察院关于办理核准追诉案件若干问题的规定》第 4 条第 3 款规定“未经最高人民检察院核准，不得对案件提起公诉”。本案公诉机关在未经最高检核准的前提下对吴某提起公诉，已属于严重违法。

（二）本案不属于不受追诉期限限制的情形

本案发生在 1997 年《刑法》颁布之前，根据从旧兼从轻的刑法原则以及《最高人民法院关于适用刑法时间效力规定若干问题的解释》第 1 条之规定，本案依法应当适用 1979 年《刑法》第 77 条“在人民法院、人民检察院、公安机关采取强制措施以后，逃避侦查或者审判的，不受追诉期限的限制”之规定。

具体到本案中，公安机关在案发当时并未对吴某采取强制措施或进行网上追逃，吴某亦从未主动故意逃避侦查或者审判，因此本案不存在无限追诉期限的情形。

（三）即使司法机关认为追诉时效应当适用 1997 年《刑法》的相关规定，本案也超过了追诉时效

即便适用 1997 年刑法关于追诉时效的规定，无论是 15 年的诉讼时效还是 20 年的诉讼时效，本案的诉讼时效期间都已经过，且公安机关在案发时未立案，公诉机关亦未报请最高检核准追诉，其唯一可能符合追诉的前提是“被害人在追诉期限内提出控告，不受追诉期限的限制”的规定。

但根据在案证据材料显示，被害人家属一直没有对吴某提出控告，几名证人在接受公安机关调查时虽有提及但也仅仅属于证人证言，不能等同于被害人家属的控告或陈述。因此，本案无论从何种角度而言都已过诉讼时效，不应当对吴某进行追诉。

【争议焦点】

1. 对于发生在 1997 年《刑法》实施之前的涉嫌犯罪行为应当怎样确定追诉时效？

2. 本案是否属于不受追诉期限限制的情形？

【案例评析】

刑事追诉时效制度的设立，不仅是为了约束刑事司法权力和刑事自诉人的刑事诉权，防止刑事案件久拖不办，从而保障刑事诉讼相对人的合法权利，

也是为了通过此制度来激励和敦促犯罪嫌疑人、被告人改过自新、不再犯罪。同时，该制度的设立也为刑事律师提供了无罪辩护的空间和新型出罪路径。

在司法实践中，追诉时效所涉及的法定最高刑、追诉期限的起算日以及截止日均有很多争议，如法定最高刑究竟是指该罪名的最高法定刑还是指行为人可能被宣告的最高刑；又如追诉时效的起算日是指“犯罪之日、行为终了之日”而不是“次日”，这与上诉、抗诉等其他刑事诉讼活动的期限“从第二日起算”是完全不一样的；再如追诉时效的截止日究竟是指刑事立案日，还是提起公诉之日，抑或是一审判决日等，不同的观点会导致案件不同的走向，因此需要刑事律师结合案件的实际情况灵活处理。而且，能套用诉讼时效制度进行无罪辩护的案件通常都涉及新旧刑法、刑事诉讼法的交替适用和溯及力等问题，这就要求刑事律师必须对整个刑事法律体系足够熟悉、对案件的关键点足够敏锐，并从多个维度去分析论证，如此才能最大限度地维护当事人的合法权益、实现公平正义。

拆分办案目标，逐步实现辩护效果

梁敏瑜*

【主旨提要】

提供虚假证明文件罪，要求承担相关职责的中介组织的人员故意提供虚假证明文件。具有评估职责的人员开展评估工作、出具评估报告，行为人在此过程中存在“虚假”行为的，才能构成此罪。如果不能证实评估项目、评估依据等关键要素存在虚假，则不能构成该罪。

出具证明文件重大失实罪为过失犯罪，要求造成了严重后果才构成此罪。如果行为人出具的评估结论存在与客观情况不尽相符的情形，但未造成严重后果，则不构成此罪。

【基本案情】

A政府部门拟在其所管辖海域开展工程，因此需对该海域上养殖的水产品及养殖设施进行征收补偿，遂对该海域水产品及养殖设施开展价格评估。A政府部门委托B单位开展评估工作，赵某系B单位的项目负责人。

在项目评估过程中，为尽快推动征收工作，A政府部门相关工作人员不断催促赵某等人尽快完成评估工作。赵某根据现场考察情况、水产品及设施的业主提供的信息等进行评估，后出具项目《评估报告》。

后有关部门在办案过程中发现，《评估报告》反映的补偿项目超出当地相关文件规定的补偿范围、评估价值过高等情况，公安机关遂以涉嫌提供虚假证明文件罪将赵某移送至某市检察院审查起诉。

---

* 梁敏瑜，北京大成律师事务所律师。

【办案过程】

（一）审查起诉期间取得阶段性辩护成果，案件以过失犯罪移送起诉

公安机关以赵某涉嫌“提供虚假证明文件罪”移送检察院审查起诉，指控逻辑是：

1. 赵某的评估行为存在评估项目虚假，表现在《评估报告》中部分评估项目超出当地相关《补偿办法》规定的补偿范畴。

2. 赵某的评估行为存在评估数据虚假，表现在部分水产及设施的评估结论，系根据业主吴某提供的数据并参考附近区域类似情况计出，公安机关认为，以此方式作出的评估数据不客观。

针对上述指控逻辑，辩护人认为，如何界定“虚假”，成为赵某行为是否符合违法性标准，是否构成该罪的重要因素。

辩护人经分析认为，赵某出具的《评估报告》不构成“虚假”文件，理由是：

1. 赵某的评估行为不构成评估项目虚假。

当地《补偿办法》除了对可补偿的项目作了规定外，同时还规定“未列举的其他补偿项目，采用个案评估确定”，即《评估报告》对未列举在《补偿办法》中的项目进行评估不构成违法。

2. 赵某没有编造虚构数据，不构成评估数据虚假。

赵某评估的水产及设施，由于历史及客观原因，无法准确核算，相关数据必须由业主吴某提供予以参考。在评估过程中，赵某已向 A 政府部门反映数据来源，A 政府部门对数据情况知情并认可。因此赵某以吴某提供的数据及现场考察情况作为评估依据，不属于编造虚构数据。同时，侦查机关没有核查相关设施实际数据，不能得出赵某评估数据属于虚构的结论。

3. 为进一步证实赵某的行为不构成“虚构”，辩护人调取了行业主管部门在项目评估过程中，对涉案《评估报告》作出的《审查意见》。《审查意见》没有认定评估工作存在虚构行为。

辩护人把《审查意见》提交给检察机关，以证实赵某的评估行为不构成

提供虚假证明文件罪。

检察院采纳了辩护人的辩护意见，变更了罪名，以涉嫌“出具证明文件重大失实罪”起诉至法院。检察院认为，赵某等人在现场勘查、评估及拟写评估报告时，错误适用补偿计算的文件依据，不负责任地将超出当地相关文件规定的补偿项目及总计几千万元人民币的数额纳入补偿价格范围，导致出具的评估证明文件存在重大失实。

（二）成功为赵某的评估行为作无罪辩护

案件审理阶段，辩护人主要从证据效力和构罪条件两方面论证赵某不构成出具证明文件重大失实罪。

1. 辩护人提出，该案的重要证据——《评估报告》不满足证据力标准，不能作为定罪依据，理由是：

（1）赵某所在的B单位，不具备涉案区域所在地政府关于资产评估的资质要求，其所出具的《评估报告》不具备资产评估效力。

（2）根据证据显示，以及辩护人调查取证的情况反映，《评估报告》应经过相关的评审程序才生效。涉案《评估报告》并未经过评审，因此尚未生效。尚未生效的报告不应该成为认定赵某提供虚假证明文件的依据。

2. 根据相关规定，出具证明文件重大失实罪成立的标准是出具的证明文件有重大失实，并造成严重后果，包括：①给国家、公众或者其他投资者造成直接经济损失数额在100万元以上的；②其他造成严重后果的情形。

辩护人提出，本案没有造成任何直接经济损失，没有造成严重后果，因此赵某不构成出具证明文件重大失实罪，理由是：

（1）A政府部门未向养殖单位支付任何赔偿款，没有给国家、公众或者其他投资者造成直接经济损失。

（2）赵某将超出当地相关文件规定的补偿项目纳入补偿范围，充其量是评估报告合理性问题，而不是《评估报告》造成的后果。

（3）赵某与业主单位的人员没有直接往来，没有证据证实赵某与业主单位勾结而出具《评估报告》，不能因评估项目与业主单位有一定联系，就认定为严重后果。

最终，法院采纳了辩护意见，认为在案证据不足以证明赵某的行为造成严重后果，判决赵某出具《评估报告》的行为不构成犯罪。

【争议焦点】

1. 赵某出具的评估报告中，哪些内容涉嫌“虚假”？如何界定“虚假”？

2. 评估报告的出具，是否给国家或相关单位造成严重后果？

【案例评析】

（一）争取分案处理，为无罪辩护创造空间

根据案件情况，辩护人认为赵某的评估行为不构成犯罪。鉴于赵某评估活动的对象，是其他案件的犯罪嫌疑人所经营的项目，因此赵某的案件与其他案件并案处理，被移送至市检察院审查起诉。在此情况下，辩护人为赵某的评估行为作无罪辩护的难度增大。因此，辩护人制定了分步辩护策略，首先争取让赵某的案件得以分案处理，为无罪辩护创造空间。

辩护人接受委托后，马上向赵某了解其与其他案件犯罪嫌疑人的关系，是否存在勾结骗取政府赔偿等问题。根据案件情况，辩护人认为赵某不涉及与他人勾结等情况，于是多次与经办检察官沟通，提出赵某与另一案件无关，应当分案处理的意见。经办检察官采纳了辩护人的意见，将案件分案处理并移送区检察院审查，为后续无罪护辩打下坚实基础。

（二）积极与检察官和法官沟通，发挥审前辩护作用

在案件审查起诉阶段，辩护人多次向经办检察官提出案件存在的定罪瑕疵及理由，并提交调查取得的证据。检察官采纳了辩护人的辩护意见，没有以故意犯罪移送起诉，而以过失犯罪移送起诉，案件取得阶段性辩护效果。

在案件审理阶段，辩护人亦及时与经办法官沟通，让法官关注检察院起诉罪名可能存在的问题，最终法官采纳了辩护意见，判决赵某的评估行为不构成犯罪。

（三）关注证据细节，搜寻有利“反证”

控方的思维习惯通常是抽象性、构造性的，在众多证据材料中梳理事实

主线，简化或略去对非事实主线的细节。辩护人的任务恰恰相反，要抽丝剥茧，反复质疑每一项证据，击中要害提出合理怀疑。

本案中，公安机关和检察机关分别认为《评估报告》反映的评估项目、评估数据存在“虚构”或“失实”，因此赵某构成犯罪。辩护人反复研究证据后认为，《评估报告》客观披露了评估过程、评估项目及参考数据来源，反而可以证明赵某的评估结论有依据支撑。

另外，辩护人为掌握水产养殖领域评估流程及出具报告的条件，找到该领域专家深入了解、研究关于涉案项目评估的规范性文件，并请赵某所在单位向主管部门调取，在评估过程中行业主管部门对涉案评估项目出具的《审查意见》。《审查意见》未反映评估过程存在违法等问题。调查取证结果可以印证辩人护关于赵某评估行为不构成“虚构”的观点。

图书在版编目（CIP）数据

经济犯罪辩护技巧与实例／广州市律师协会编．—北京：中国法制出版社，2024．1
ISBN 978-7-5216-3514-0

Ⅰ．①经… Ⅱ．①广… Ⅲ．①经济犯罪-刑事诉讼-辩护-案例-中国 Ⅳ．①D924．335

中国国家版本馆 CIP 数据核字（2023）第 241296 号

责任编辑：李宏伟　　封面设计：杨泽江

经济犯罪辩护技巧与实例
JINGJI FANZUI BIANHU JIQIAO YU SHILI

编者/广州市律师协会
经销/新华书店
印刷/三河市紫恒印装有限公司
开本/710 毫米×1000 毫米　16 开　　印张/ 15　字数/ 156 千
版次/2024 年 1 月第 1 版　　2024 年 1 月第 1 次印刷

中国法制出版社出版
书号 ISBN 978-7-5216-3514-0　　定价：55.00 元

北京市西城区西便门西里甲 16 号西便门办公区
邮政编码：100053　　传真：010-63141600
网址：http：//www.zgfzs.com　　**编辑部电话：010-63141836**
市场营销部电话：010-63141612　　**印务部电话：010-63141606**

（如有印装质量问题，请与本社印务部联系。）